大是文化

資深銀行員偷學客戶的錢滾錢祕笈

은행원은 어떻게 돈을 모을까?

10年財富自由的上班族，怎麼學會讓身邊一直有錢、不離本業卻有外快、穩健的以錢滾錢。

在職第14年的資深銀行員、十年內達到財富自由的包租婆
崔民寧——著
林倫伃——譯

第1章 有錢人想的做的，哪裡不一樣 19

目錄

第2章

第3章

目錄

第4章 增加被動收入的最佳投資工具

第5章 我就算不上班，錢也能自己流進來 159

目錄

推薦序

有錢人存錢，更愛存資產

「A大的理財心得分享」版主／ameryu

有時候我們都會認為，「錢」才是人生最大的財富，但我覺得人生最寶貴的資產，其實是時間與健康。本書作者說她在客戶的身上，的確學到了「富人會用錢買時間」。

例如：叫外送，或是像日劇《月薪嬌妻》中，請家事清潔員幫忙打掃，省下的時間就去做其他更有價值的事。目前擔任執行總監的女性摯友曾說：「我願意把錢花在任何一切可以節省時間的事物上。」

時間就是金錢，用機會成本的角度來解讀或許不為過。我覺得作者想傳遞的觀念是「我做得到，你也行」。而投資自己與累積第一桶金是變有錢的第一步，尤其是薪水穩定但薪資不高的情況下，一定要花時間學習金錢的相關知識，再來要有理財規畫。

在財務結構中，配置緊急備用金，讓意外減輕對生活的衝擊，至少在事情發生時，我們不會慌張，煩惱錢要從何而來，這也是資產配置的一部分。

有錢人不會光存錢，他們認為單靠儲蓄無法致富，因此我們要「存資產，而不是存錢」，而且要存會增值的資產，例如：股票、基金，甚至是房產。另外，作者也點出了幾個理財方向給讀者參考，像是配合不同目的分散帳戶、能輕鬆上手的美元投資。

關於美元投資的流程細節，讀者們可以參考「PG財經筆記」蔡至誠老師的著作《我畢業五年，用ETF賺到四百萬》（大是文化出版）。

作者觀察到的富人特徵之一，是善於利用銀行的金融商品，或是借錢來賺錢。「工作了一輩子卻還要為錢擔憂」，是我們最不願意見到的狀況。因此，在我們累積到第一桶金之後，要想想如何在股匯市與房地產市場中借力使力，加速累積財富。

而理財規畫的最後一哩路，則是「我就算不上班，錢也能自己流進來」。作者在書中提到，除了凌晨三點起床寫書之外，還有介紹其他能替自己帶來「更多元的『非工資收入』」的方式。例如：經營部落格、利用YouTube，除了能賺取廣告收入之外，還能把自己介紹給全世界，讓其他國家的讀者可以找到我們。

此外，我們還能夠販賣技能、經驗，與知識來賺錢。賺錢有三種層次：勞力、腦力、複利，一般來說，我們都是先付出勞力與時間去賺辛苦的血汗錢，才有一筆錢可以進行理財，緊接著你要想方設法讓這筆錢變大，這時候就需要腦力、資訊、知識、經驗與智慧的輔助，再利用時間去小錢滾大錢，讓金錢可以透過時間複利來為你工作。

在學習投資理財之道的過程中，結合腦力與複利，就跟存錢與投資一樣，本應該是相輔相成的事。就我的觀察，大多數的富人都不會是「只存錢不投資」，反而是會存資產又很會投資，以及善用金融圈的資源與工具。

之所以能夠讓未來的非工資收入，撐起財富自由後不工作時期的基本開銷，其實是源自於我們在職場時努力的「省錢、存錢與投資」，以及有計畫性、階段性的財富利滾利。人只要還有呼吸，都跟「錢」脫離不了關係。

我們想學投資理財的主要動機，往往是為了改善不滿意的現況，朝向更好的生活前進。倘若你願意將書中的概念、方法與技巧，轉化並落實到自己的投資理財生活，相信你一定能掌握關鍵金鑰，開啟享受財富自由的大門。

前言

在職銀行十四年，我在客戶身邊學到的事

大家好，我是從事授信與貸款等多樣金融業務、遇到任何事都能不慌不忙處理的在職第十四年資深銀行員。

在銀行工作真的會遇到很多人、摸到很多錢，這讓我開始思考關於金錢的一切。我也曾經想過「為什麼都已經工作了一輩子，卻還要為錢擔憂」。本書就是從這個問題點出發，完整記錄了從我剛出社會時，存錢到悟得單靠儲蓄無法致富、在職場工作了十年後還是毫無改變的現實，再到創造二十億韓元（依二〇二一年七月二十一日匯率計算，一韓元約等於新臺幣〇．〇二三元）資產的過程及經驗。

我們需要了解金錢，並為了賺錢做相關研究。希望各位讀過本書後，在幾年之後就能財富自由。我刪去了艱澀的經濟用語以及無法反映現實的內容，希望各位閱讀後能踏出邁向致富之道的第一步。

接下來，我想分享幾個，我在有錢人身邊學到，也常被問到的問題。

Q1

身為在銀行工作第十四年的銀行員，一定見過許多有錢人，他們最大的特徵是？

A

他們最大的特徵就是很會利用銀行。**大部分白手起家而不是含著金湯匙出生的有錢人，很早就悟得用銀行貸款做槓桿致富的方法**，也就是說，他們會在努力存來的第一桶金上再加上銀行貸款，來投資事業或是房地產。

就這樣邊賺錢邊投資，往更大的財富之路邁進。我認為**有錢人的特徵是會積極利用銀行，把銀行當作是一個可以借錢、滾錢的場所，而不只是一個單純存錢的地方**。

Q2

最近有不少夢想提早退休和財務自由的「FIRE族[1]」出現，而韓國MZ[2]世代也越來越注重理財，身為銀行員，您有感受到這樣的現象嗎？

A

我會透過我經營的部落格和線上論壇、YouTube等，和想學習理財的人交流，就我看來不只是MZ世代，現在全世界都對理財非常有興趣，理由是因為現在無法只靠勞動所得創造財富。我認為對理財有興趣是件好事，然而關於理財的資訊實在太多，時而有人會將錯誤的資訊當作事實。

如果要我提供一些小技巧，我認為**若是對某個特定資訊感到好奇，那就去找出該資訊的出處，練習解讀其內容**。總之，早一點開始理財，才是致富之道。

Q3 有沒有什麼陷阱是理財新手需要小心的？

A 最近大家談論的話題都是房地產和股票，這就說明現在人們對理財的關注度頗高。有財產的人擔心無法得到更多財產而感到不安；賺不了錢的人則相對有很大的剝奪感。

在這種時期，任何人都免不了感到急躁，只要聽到哪個人賺了錢，就會興起「我也得儘早開始，隨便投資什麼都好」的念頭。我認為越是這個時候就越要保持平常心，看到一下子上漲的房地產和股市時，與其選擇馬上投資或是漠不關心，不如一步一步慢慢學習理

1 全名為 Financial Independence, Retire Early，指追求財務獨立、提早退休的群體。

2 南韓的 MZ 世代意指，出生於一九八〇年到二〇〇〇年代初期的千禧（Millennials）世代和Z世代，亦是臺灣稱的Y世代和Z世代。

財，培養自己的投資眼光。投資是一輩子的事，希望大家能持續的投資自己、投資資產。

Q4 大家都說「現在是買不起房子的時代」，在奠定理財的基礎前，就先接觸到類似這樣的新聞，免不了會失去動力。現在這個時代的理財是不是沒有以前容易？如果是的話該怎麼做？

A 近來不少人看到高漲的房價就會垂頭喪氣，其中又以社會新鮮人和新婚夫妻對此特別有感，各位也可能會想，照現在這樣的薪水是不可能買得起房子的。

我認為越是這種時候，就越要學習關於理財知識，這樣在下一次牛市來的時候，才能抓住機會。

Q5 您已經累積到了目標財富，生活有因此出現什麼變化嗎？

A 雖然我們夫妻倆都在大企業工作，但還是會擔心老年生活，苦惱要是自己在六十歲就退休，剩下的幾十年該怎麼度過。不過因為現在已經賺到目標金額，我們不再害怕老年生活了。

我雖然已經存到了二十億韓元（約新臺幣四千六百萬元），但我並沒有想買什麼就買什麼，反而是因為了解金錢的珍貴，現在的花費比先前沒有錢的時期還要少。從結論來說，雖然我已累積到了目標財富，但我的生活還是和以前一樣，沒有任何改變。

但我的內心更踏實了，因為我已經知道，就算不用上班，還是有很多其他的方法可以賺錢。

Q6 未來有什麼目標或計畫嗎？

A 幾年前，我還只是一個除了勞動所得以外，沒有其他收入的平凡上班族，但這幾年來，隨著我同時理財和自我開發，我學到了資本收入和系統收入。**我認為最終應該追求的是，就算不工作也能為你賺錢的系統收入。**

Q7 有沒有什麼訊息想傳達給閱讀這本書的讀者？

A 我在大四時就進入職場，當時認為自己就只等著成為有錢人了，也就是說，我以為只要努力存下薪水就能買房。在我工作十年後才領悟到，光靠薪水是絕對不可能成為富人的，所以我開始理財，接著在短期內存到了比我過去十年來的存款還要多的錢。

我希望MZ世代的年輕人能透過本書，儘早體悟到花了我十年才了解到的事實。最好儘早認識存錢，以及**認識到將存款轉換為資產**的過程，如此才能獲得財務上的自由。希望這本書能夠伴隨各位走在這條路上。

第 1 章

有錢人想的做的，哪裡不一樣

有錢人跟窮人有什麼不一樣呢？

有錢人如何對待錢財，又是什麼樣的心態讓他們創造出財富？

01 別人找的零錢，他們會珍惜收下

記得小時候玩銀行遊戲時，我會邊找零給朋友邊說：「這是找你的錢。」沒想到長大後我真的成為銀行員。在銀行上班每天都摸到錢，這讓我開始思考「錢」究竟是什麼。為何我們這麼想要得到這張紙？又為何希望它越多越好？錢對我們來說，到底有何意義？

我有時必須找十韓元（約新臺幣〇・二三元）或二十韓元的零錢給顧客，現在這個年代，只有十韓元是做不了什麼事的，但是有錢人並不會鄙棄這小小的十韓元，因為他們知道存小錢能夠變大錢，即使只是零錢，他們也習慣好好收下。

相反的，也有些顧客常在我找錢給他們的時候會說：「不用找了。」然後不把找零的錢帶走就離開，而這些人大部分的經濟狀況都不太好。

我不知道是因為他們太不在意小錢所以生活才變得困難，還是因為生活困難所以才認為小錢不重要，但我知道有錢人和窮人對待金錢的習慣不同，這不單純是有沒有拿走銅板的差異，而是差在一個人有多珍惜、多看重金錢。

想成為富人，就必須好好對待金錢，也必須了解資本主義，以及資本主義的基本——錢的真面目。

在眼前的十韓元和印在存摺上的十韓元是一樣的錢嗎？嚴格說起來，錢不過是一張紙、一塊金屬，為什麼我們那麼想要它、視它為所需呢？

現代社會是一個信用會帶來價值的社會，而我們約定好以紙和金屬做成的錢當作交換的工具。我們可以將手裡的錢換成某種東西，也可以放在銀行後提領使用。

銀行負責保管這些金錢，在存款人要求時將錢歸還。也就是說，所謂的銀行，是一個幫你保管金錢、借錢給你，同時從中獲利的地方。

現在僅靠十韓元什麼都做不了，就算集了十個十韓元成了一百韓元，也買不了什麼東西，即便如此，有錢人還是不會浪費這十韓元。雖然現在這只是零錢，但就如同有句話說：「一塊錢也不要浪費。」在過去，這個十韓元有很大的價值。

在一九六〇年代的韓國，十韓元可以搭一趟公車，有二十韓元就能吃一碗炸醬麵。但為什麼現在用十韓元卻什麼也買不了？這是因為通貨膨脹的關係。

韓國銀行持續發行貨幣，市場中流通的貨幣變多，使昨天的十韓元變得不再是今天的十韓元，因此現在能用一百萬韓元買到的東西，在未來是買不到的，也就是說，通貨膨脹就是貨幣貶值（韓國的情況參考圖表1-1；臺灣近四十年的通貨膨脹情況見圖表1-2）。

如果是這樣的話，富人為什麼還是很珍惜十韓元呢？他們慎重處理金錢、不小看一毛錢的態度，讓人不禁懷疑他們將錢視如生命。我有一位ＶＩＰ顧客，他持有多棟建築物，每個月光是收來的租金就超過一千萬韓元以上，但他為了節省電話費，還會向銀行借電話使用。

我想，是不是因為連這麼小的錢都要省的習慣才讓他成為富豪。各位是如何對待金錢呢？是把錢摺得皺巴巴？還是保管得乾淨整齊呢？有沒有因為是小錢就很隨便？俗話說：「聚沙成塔。」塔是改變人生的法則。請牢記，錢再怎麼小，它還是「錢」，只有珍惜金錢才能成為富人。

如果你已經下定決心要珍惜金錢，那麼接下來我們就進入正題，來探討有錢人哪裡不一樣。

▶ 圖表1-1　韓國通貨膨脹前後，與生活相關的費用其價格變化

品類	1960～1970年	2011年	比較
米（80kg）	3,010韓元 （1963年）	203,020韓元	約67倍
炸醬麵	20～30韓元 （1963年）	4,273韓元	約142～214倍
地鐵（單程票）	30韓元 （1974年）	1,000韓元	33倍
市內公車（現金）	8韓元 （1965年）	1,000韓元	125倍
大學學費 （人文學科）	33,000韓元 （1970年）	6,638,000韓元	192倍

出處：首爾市研究院．行政安全部．大學資訊公告中心．韓國銀行。

▶ 圖表1-2　民國70年至110年臺灣消費者物價指數（CPI）

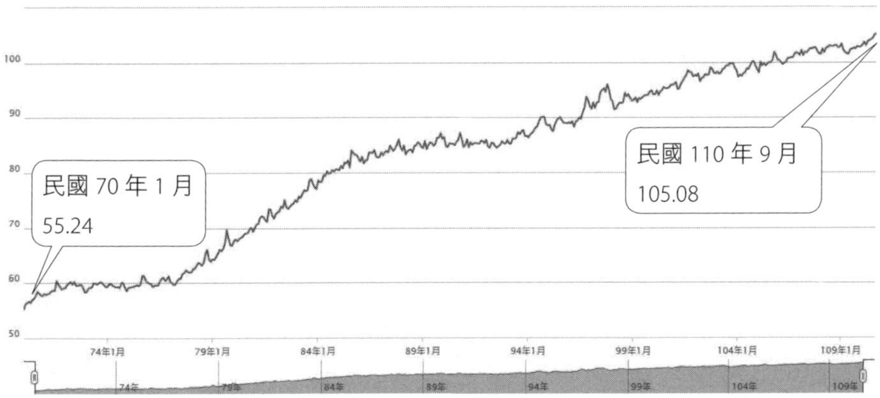

關於臺灣的物價漲幅，根據行政院主計總處資料顯示，CPI（消費者物價指數，為衡量通貨膨脹的主要指標之一）以民國 105 年為基期，指數為 100。民國 70 年（1981 年）1 月的 CPI 為 55.24；民國 110 年（2021 年）9 月的 CPI 為 105.08，表示大概四十年前，價格約 55 元的商品或服務，現在要花約 105 元才能買到。

出處：行政院主計總處（註：此為臺版增補資料）。

02 不排隊，寧可花錢買時間

銀行的ＶＩＰ顧客們認為有個東西比錢還重要，那就是時間。他們願意為了節省時間而花錢，然後把省下來的時間拿來賺更多的錢。

錢和時間，各位覺得哪一樣比較有價值？雖然世界上有數不盡的金錢，但時間卻是有限的，有限的時間才是我們最需要珍惜和重視的東西。

這也是為什麼ＶＩＰ搭飛機時會選擇頭等艙，不僅能享受到舒適的座位和多樣化的餐點，最重要的是為了省下排隊搭經濟艙座位的時間。

銀行業務也是如此。銀行通常備有一般窗口和ＶＩＰ窗口，在ＶＩＰ窗口，不需等待即可辦理業務。有錢人知道時間的價值，便毫不猶豫的花錢以節省時間。

我曾在上班途中，看到人們為了拿到咖啡廳贈送的限量商品而大排長龍，他們之中也許有些人從凌晨就開始排隊了。

我在做任何事情之前，會先**思考該事情每小時所帶來的價值，並計算我一個小時的價值是多少，如果做這件事情的價值高於我一小時的價值，我就去做，反之則找人做或選擇不做**。

舉例來說，假設我的月薪是一百萬韓元（時薪是兩千四百韓元），如果某件事的價值高於兩千四百韓元，我就會親自去做。

除了像是和家人一起共渡的時間等，那些無法用物理計算的事情之外，其他決策我都採取這種方式決定。而**這個態度，是我從銀行裡那些重視時間的VIP客戶身上學到的**。

金錢和時間密不可分，只要有時間和金錢，就沒有做不到的事情，那麼我們該如何使用時間？在使用時間時，要先決定優先順序，必須養成一個先處理對自己而言最緊急、最重要的事情的習慣。

比方說要開始讀書時，有人會選擇先整理書桌，然後再開始讀書，然而我們的大腦能使用的精力有限，在耗盡這些精力之前，請先完成讀書這件重要的事，解決掉最重要的事情之後，剩下的事情自然而然就會被解決了。

若想善用時間，你可以製作一張清單，按照重要順序處理，或是將時間分成大塊的時間和細碎的時間，把大塊的時間，拿來處理需要長時間運用高度注意力的事情；在細碎的時間裡，做可以抽空完成的事。

從這方面來看，我所見過的ＶＩＰ顧客們都非常有效率的利用時間，因為他們深知時間的重要性。時間有兩種，一種是指時鐘上時間的柯羅諾斯[3]，另一種則是意味著決定性時刻的凱洛斯[4]。

各位通常把時間投資在柯羅諾斯上，還是投資在凱洛斯上？每個人都有一個名為二十四小時的禮物，我的富貴取決於我能將這個禮物的價值發揮到多廣。希望你在管理金錢的同時也管理時間，因為這兩者之間的關係密不可分。

股神華倫．巴菲特（Warren Buffett）將一天八〇%的時間花在思考和閱讀，這表示他賺錢購買時間。日後各位要將時間視為金錢，說不定還得將時間看作是比金錢還重要的東西，這是因為時間能為我們創造更多的金錢。

如果現在生活忙得不可開交，那就暫停下來，好好想一想我為什麼忙碌？為了什麼忙碌？是否有正確使用時間？只要你懂得節省時間，財富就會隨之而來。

3 Chronos，為古希臘神話中的一位原始神，代表時間。
4 Cronus，以神學來說，代表時機。

03 專注本業，不輕易斜槓

每次遇到有錢人，我都會好奇：那個人是怎麼成為有錢人的？那個人是如何存到錢買房？當我還是社會新鮮人的時候，我總覺得他們和我是生活在不同世界的人，不過當我開始思考金錢問題、有過投資經驗後，我大概找到答案了。

韓國ＫＢ金融集團，將持有十億韓元以上（約新臺幣兩千三百萬元）金融資產的人定義為「韓國富豪」。根據二〇二〇年的富豪報告顯示，韓國富人累積資產的方法中，創業位居第一，接著是投資房地產。另外，持有五十億韓元以上的富豪當中，以勞動收入致富的比率最低（參考下頁圖表1-3）。

剛進公司時，每個人都站在同樣的起跑線上，我們相信自己和身旁同期的同事日後也會一直並肩而行，但才過了幾年，同期之間有人升遷也有人始終停在原地，不用幾年在職級上就有了區別。

如果想勞動致富，那就不能在工作上有所怠慢，因為只要你是公司職員，就得靠薪水存下一筆錢。

不過有種職業無上下班的概念，那就是事業家。他們除了睡覺時間以外，都在工作，還有在創業初期所投入的時間和努力多到令人無法想像。

他們會在短期內全心投入工作，創造出成果，然後靠賺來的收入為基礎致富。也就是說，**靠自身工作致富的人會致力於本業，並將注意力放在提高收入的工作上**。

已故的現代集團創始人和首任會長鄭周永，是貧農之子，後來以京釜

▶圖表1-3　按總資產規模分類的資產形成來源

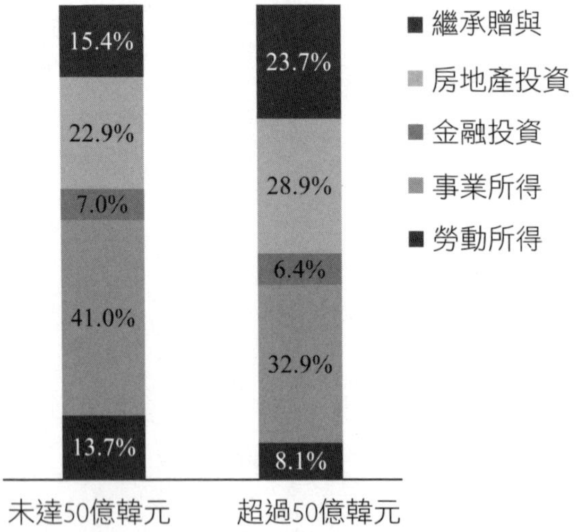

備註：總資產未達 50 億韓元樣本數 =227，超過 50 億韓元樣本數 =173。
出處：韓國 KB 金融控股公司經營研究所。

高速公路建設，以及將造船業推向海外等事業獲取成功，他曾說過：「沒有路，就去找，如果依然找不到，那就邊修路邊前進。」

我經常向那些打造堅實企業的VIP顧客們請教：「您是如何靠事業成功的？」他們都會說自己不是一開始就成功的，是經歷試煉和失敗後，以此為基礎再次挑戰，才開拓出今日的事業。也就是說，雖然運氣很重要，但還是必須投入到自己的工作中，才能取得真正的成功。簡而言之，就是需要一股會使你瘋狂投入工作的熱情。

不論是透過創業所得或透過勞動所得，每個人都需要歷經存錢這過程，沒有捷徑。如果你是上班族，那就成為所屬部門中具有出眾業務能力的人才；如果你是創業家，那就在自身領域中成為最獨一無二的人物。只要培養實力，財富自然隨之而來。

04 關心匯率、股市和全球經濟

我們無法預知未來，誰都沒想到新冠病毒會侵襲全世界，戴口罩這件事還成為生活常態。新冠疫情雖讓某些人蒙受損失，但也為某些人帶來巨大的利益。

例如，早一步開拓網路市場的人便是受益者。事實上，雖然實體商店受疫情嚴重打擊，但線上銷售額卻不減反增。世界上所有事情都是一體兩面，優點伴隨著缺點，有人賺錢就會有人賠錢，在疫情危機中，各位抓到什麼機會了嗎？

我們人生中總會遇到幾次機會，機會這個東西很有趣，因為它戴著名為「恐懼」的面具，當它靠近時，我們沒感覺，等到過了一段時間我們才恍然大悟。也就是說要等一段時間之後，它才會摘掉面具，告訴你「我其實是機會」。

二〇〇八年是銀行業接到很多客訴的一年，因為該年發生了美國次貸危機，股市大崩，全世界都陷入了恐慌，我也接到了很多投資海外股票、基金顧客的客訴。股票和基金暴跌，一個早上少則失去幾百萬韓元、多則失去幾千萬韓元的人大有人在。

有趣的是，也有許多人在這波危機中將手上的現金拿去購入資產。這些人對危機的看法不同，在他們看來，這是可以用低價購入良好資產的絕佳時機，於是他們勇敢投資。

危機會擴大財富差距，經過多次的危機之後，財富階級自然會變動。危機發生時，大膽放手一博的人與因為害怕而什麼都做不了的人，兩者之間的差距會隨時間流逝產生更大的落差。在危機面前，你看見了機會，還是感到恐懼？

我也曾經歷過幾次危機。像是一九九七年的亞洲金融風暴、二〇〇八年的次貸危機和二〇二〇年因新冠疫情導致股價暴跌等。當疫情擴散到全世界之際，韓國綜合股價指數（KOSPI）[5]失守，跌破了一千五百點，看著每天下跌的股價，我也感受到了恐懼，然而一段時間過後股價開始暴漲，少數人在短期內賺進了大把鈔票。

有銀行顧客在疫情肆虐的二〇二〇年三月投資大筆基金，接著在八月獲取五〇%的利益，他很有勇氣，敢在大家都膽怯時投資，就是因為他戰勝了恐懼和不確定性，所以才能

5 韓國綜合股價指數，是韓國交易所的股票指數，英文全名為 Korea Composite Stock Price Index，簡稱 KOSPI。

嘗到甜美的收穫。

任何投資都有代價，只有克服不安，並將不安轉為行動，才能創造出經驗這個資產；也唯有累積經驗，才能在不受景氣影響的狀態下創造財富。未來，機會還是可能會戴著恐懼的面具朝我們而來，為了擁有一雙將恐懼視為轉機的慧眼，我們必須不斷學習。

要透過匯率了解世界經濟狀態，並持續確認全球股市，然後當機會偽裝成恐懼來臨時，我們一定得拿出自信，把機會變成自己的東西。如同「亂世出英雄」這句話，危機就是我們的轉機。

05 從小額投資開始體驗風險，並承擔

前不久，我向一位前來辦理定存商品的顧客推薦債券基金，畢竟定存的利息不到一%；而債券基金雖然不能保本，但收益率的變動幅度較小，相對合理。不過那位顧客猶豫了，因為他一輩子從來沒有理過財。

我也一度認為能保本才是最好的，因此只選擇用安全的定存來滾錢，不過我馬上就領悟到，單靠定存是無法增加財產的，所以我才向那位顧客提議，就算是小額也好，親自投資看看，再以這個經驗為基礎拿更多的資金去投資。

該名顧客後來做了什麼選擇？他苦惱了一下，最後還是只辦理了定存，理由是因為他不懂理財，所以不敢投資。

每個人一開始不免都會恐懼，戰勝恐懼、踏出第一步，和因為害怕而待在原地不動，這兩者之中最危險的是後者。不願購買金融商品的人大部分理由是擔心失去本金，有錢人和窮人的差異就在這裡——**窮人害怕失去金錢；富人害怕賺不到錢，因此有錢人甘願承擔風險，選擇投資**。世界上沒有既安全、收益又高的投資，而所有的投資都伴隨著風險，風險越大收益就越高。

因為低利率的關係，在未來，投資將會成為決定財富的要素。雖然無法預測未來利率會變成多少，但我認為之後的利率並不會回升到從前的水準。

十年前，在韓國把錢存進銀行還能獲得四％至五％的利息，存在儲蓄銀行則會有一○％以上的利息[6]，在亞洲金融風暴之前，甚至還有一些地方提供二○％以上的利息。

所以父母那一輩的人會把一筆大錢存進銀行裡，用那筆錢養孩子、當退休金。然而現在情況完全不同了，韓國物價上漲百分之二點多，銀行利息連一％都不到。從物價上漲率可得知，現在這個時代把錢存在銀行只會損失。

如今，最大的風險就是不投資。投資並不是件什麼宏偉的事情，我將投資定義為「用小額去體驗基金、股票或美元等任何可以做的投資，並藉此經驗學習經濟的一項操作」。要用自己的錢投資，才會時常去看、去關心經濟，如果投資只是紙上談兵，沒有實際操作的話，那麼你累積到的只會是知識，絕對不會是資產。

如果你想成為有錢人，那就投資吧；累積經驗後再去做更大的投資；天下沒有白吃的午餐，與其害怕失去金錢，更應該害怕賺不到錢，只有敢承擔風險的人才能獲得財富，若尋求安全感，那就只會永遠停留在現狀。

6 根據臺灣政府資料公開平臺之五大銀行存放款利率歷史月資料，民國九十年，活期存款的利率約為〇・〇二%至一・五%；定存利率（一年期）利率約為〇・八%至五%。民國一一〇年，活期存款的利率約為〇・〇二%；定存利率約為〇・三五%至〇・八二%。

06

他們存錢，但不會只存錢

你是不是在苦惱為什麼自己經常沒錢？如果想賺錢、成為有錢人，那就要了解錢，我們必須知道物價上漲和幣值下跌的原因，因為我們生活在通貨膨脹的時代，而在這個時代，把錢存在銀行即是一項損失。

如果各位的存摺裡有一億韓元，可能會感覺雖然擁有現金心情很好，但應該也會馬上意識到這筆錢並不會讓自己變成有錢人，這就是為什麼人們要不斷滾錢。

人們會購買資產和股票，然後把剩下的錢當作緊急預備金存放在銀行，在這高利率的時代有很多人選擇用整存儲蓄[7]滾錢，但最近韓國人主要投資ELT[8]和ELS[9]（臺灣不適用）。

ELT是不保障本金的股權連結型信託商品，大部分滿期是三年，可以以四個月或六個月為單位提前贖回。很多人聽完說明後都搖頭拒絕。但如果不願面對新事物、害怕學習，那麼一輩子就只能停留在現在的資產水平。

成為有錢人的條件之一是終身學習。特別是我們生活的這個時代，放棄學習不等於原地踏步，而是落後十步。有錢人除了整存存款以外還會選擇購買其他基金、債券和保險等商品，且他們還會了解並投資ELT、外幣保險或是外幣整存等各式商品。

人在遇到新事物時會感到害怕、有壓力，不過我有些話想告訴這些人，如果你想賺錢，就去尋找新的事物、避開安全的事物，因為安全就意味著收益性低。我們投資，即使不到高風險高報酬，也該得到一定程度的收益。

為了成為有錢人，省錢存錢固然重要，但也應該要有能夠把存款變大的技術。在這一

7 韓國基本金融儲蓄商品分為整存整付存款和零存整付存款兩類。一般人較常使用的整存整付存款是和金融機構約定好存款時間，將本金整筆存入銀行，單利計算，期滿領回；在韓國，零存整付存款又分成定期儲蓄和活期儲蓄兩種，定期定額儲蓄或是隨時存入現金。

8 ELT（Equity-Linked Trust）是證券公司將發行的衍生結構型證券ELS，編入銀行信託帳戶之商品。大多為三年期滿，在一定招募期間內召滿該期的投資者後，以特定日期的價格為基準，根據一定年限後的標的資產決定到期日。並和開始時的基準指數相比，六個月後的基準指數只要不低於九〇%，就能提早贖回。

9 股權連結證券（Equity-Linked Securities，簡稱ELS），是一種根據特定股票的價格或股票價格指數決定投資收益的有價證券。

章節裡想要傳達的就只有一句話：希望各位在**需要存錢的時候勤儉存錢，存到錢之後，就要透過投資，好好放大財富。**

07 就算賺很多，也不搞排場

我也曾以為有錢人都像電視劇演得一樣，每天開進口車、穿金戴銀的，但其實有錢人非常樸素。有位VIP顧客，雖然見到他已經是十年前的事了，但我依然對他印象深刻。

他靠收房地產租金賺進數千萬韓元，但每次見到他，他都穿同一件乾淨樸素的外套，連帶也讓我覺得他沒有半點架子，可以從他身上學到有錢人的態度。

這邊告訴大家成為有錢人的方法，那就是花的錢要比賺的錢少。**支出不能高於收入，這是成為有錢人最基本的條件**，但還是有些人連這最基本的條件都無法遵守，受卡債所苦。若是有心存錢，就從減少不必要的支出開始。仔細檢查信用卡消費明細，就能發現零星的支出多得讓你意想不到。

在我年薪四千萬韓元時，和現在年薪接近一億韓元的花費相比，沒什麼太大變化，反而現在的花費比以前還少。當然我也曾頻繁出國旅行、買名牌包都不眨眼，也曾只要遇到特價，就算是不需要的東西都先買下來再說。

但我現在不這麼做了，現在的我鮮少購物，並珍惜手邊既有的物品，養成這樣的習慣之後，我的花費大幅減少了，衣服和鞋子都穿到不能穿為止才丟掉。也就是說，不管什麼東西，我都將它當作是我的伴侶，而不只是物品——這也是富人們的生活習慣。

很多人以為有錢人一餐就吃幾十萬韓元，或是毫不猶豫買想買的東西，事實上並非如此。有錢人很清楚要懂得管控金錢、擺脫排場，才能守住賺進的財富。

希望你讀完本章節，可以檢視一下自己這個月的收入和卡費各是多少，檢查你的支出有沒有高於收入，或有沒有買什麼不必要的物品。請一定要記住，要成為富人，最基本的就是「花的錢要比賺的錢少」。

08 只持有足夠應付風險的現金

你知道錢有分真假嗎？當你把錢只當作是一張紙，就不會覺得存錢是件難事了。實際上，有錢人偏好投資實物標的而不是投資現金。

因為疫情影響，韓國政府實施了諸多福利政策，不少人因此受惠，我也是其中之一。不過這個福利並不是免費的，而是拿國民的稅收補貼，如果政府要提供更多優惠，就必須增加更多稅收。

韓國政府徵收的稅金有很多種，其中，為了能徵收多一點不動產持有稅、取得稅、財產稅等稅金，上漲房價是有利的，換句話說，政府必須調漲房價才能徵收更多稅金，也才能推行各種福利政策。

不過，即使不是因為政府的政策，房價也會因為住房供給不足而在幾年內繼續上升。

房價越高，持有的現金資產價值就會越低，幾年前只需五億韓元就能買的房子，現在要十億韓元才買得了。

在這種情況下，現金就等同於假錢，因為當時持有五億韓元現金的人現在連一棟房子都買不了，然而，擁有真正的錢，也就是持有資產的人，可以拿走整整五億韓元的差價。

有句話說「保有現金是個風險」，儲蓄即是美德的時代已經過去了，**用儲蓄積攢的現金購買資產才是致富之道，不管是房地產或股票都好，買下知名企業和可持續發展的企業股票就能加速致富**。

請了解一下目前你持有的資產當中，有多少是現金，多少是實物資產，然後思考目前自己擁有的錢，在一、兩年後它的價值會變成多少。為了在資本主義社會中成為有錢人，必須盡快理解這個事實。

不要讓錢只是存著不動，要讓錢為自己工作，持有的現金只要足夠應對風險就行。**拋下「現金一定最好」的觀念，投資實物資產來避險才好**。

09 學校畢業後繼續學習

有錢人除了會不斷學習之外還會投資於學習，他們關注世界上大大小小的事情，尤其對經濟領域感興趣。他們知道學習是財富，如果不學習就會被淘汰，也就無法賺大錢。

近來因智慧銀行發達，多項銀行業務都能用手機辦理，但是使用智慧銀行的人卻不多，理由是因為太複雜了。不過就在最近，有一位超過八十歲的長者來我們銀行，說要學習使用智慧銀行，他在智慧型手機上安裝了認證書，並主動要求學習，我認為這種學習態度會造就富人。

經濟領域也一樣，當發現不懂的用語時，有人會搜尋後將其內化，也有人是草草就看過去了；有人會學習自己生疏的領域，也有人不會。**不同態度造就出來的差異，不僅會反映在資產上，也會大大反映在人生的品質上。**

投資學習最簡單的方法就是閱讀新聞，不過，我推薦看報紙，因為網路新聞大部分充斥著聳動的標題，只讓讀者看到感興趣的領域。然而報紙可以讓你精讀各種領域的消息，如果想學習經濟知識，那就訂閱報紙吧。

投資於學習也有助於增進工作能力，若你是公司職員，就透過學習讓自己成為該領域的專家！只要成為專家，身價就會跟著水漲船高，也就是說，學習可以讓你提高收入。

若你是創業家，可以**透過參加研討會和多方閱讀培養洞察力**。我也曾經以為只要從學校畢業就不用再念書了，上班的時候花時間念書也只是為了取得證照而已，並沒有為了我自己而學習。

然而學習這件事，畢業之後才是真正的開始。下班後不要只是和朋友們談天、紓解壓力，要開始進行必要的學習。一天花一小時，一年就能累積三百六十五個小時，換算成日子的話就等於整整用功了十五天。

透過學習累積知識、提高自我身價後，在協商薪資時才能對自己有利，可以轉換到更好的職場，或是升遷。如此看來，投資學習和賺錢的道理，是一脈相通的。

各位一個月投資多少錢在學習上呢？比起投資做美甲，要不要試試投資在上課和考證照？透過學習提高身價是真正的投資，也是朝有錢人邁進的道路。如今終身職場的觀念已經消失，迎來的是所有人都要成為創業者的時代。

唯有不斷自我成長才不會被淘汰，若是想成為有錢人，就要持續成長。

10 十個問題，測出你的致富心態

最近不管在哪裡，到處都能看到廣告，導致想擁有、想消費的東西也跟著變多。收入有限，但想買的東西卻變多了。當產生了想要擁有某樣東西的渴望和擁有欲時，各位是如何解決的呢？

為了成為有錢人，我們要學會節制，在累積到一定程度的資產前，我們必須控制物欲，只要撐過這段時間，積累到一定的財富，那麼就能迎接財富自由。

有錢人達到財務上的幸福會用兩種方法：一是克制物欲，二是賺更多的錢以滿足物欲。他們會節制一段時間，然後長久享受節制後帶來的幸福。

不過大部分的人會買下當下想擁有的物品，購買與自身收入不符的汽車和衣服，然後為了還卡債像奴隸一樣的工作。追求當下的滿足和痛快亦是一種習慣，但比起滿足物欲，更應該享受為了擁有而努力的過程，享受看到存摺裡累積的存款時的喜悅，或是用投資獲利的經驗等，朝目標一步步前進吧。

不少人認為「只要我賺到更多錢我就會成為有錢人了」，但是收入增加，消費自然會跟著增加，因此**與其研究賺大錢的方法，不如培養節制的習慣才是最為理想的，如果沒有節制的習慣，就算賺了大錢也守不住**。

到目前為止我們談論了富人的習慣和思維方式，只要能做到其中一項，存錢就不再是難題，你也將體會到滾錢的樂趣。說到底，所謂的理財其實就是一點一滴累積的過程。

我不期望一夜致富，因此我不買樂透，與其投資一千韓元在不確定的東西上，我選擇將一千韓元投資在可以確實累積的儲蓄裡。希望各位也能選擇把買樂透的錢存下來。在存錢期間認真存錢，然後努力學習關於理財和資產的知識，只要秉持這樣的思維攢錢，就能累積到你想要的財富。

你具備富人心態嗎？請用○、×標示

□ 1. 我會把錢整齊的攤平後，收進錢包裡。

□ 2. 我會用記事本管理行程和時間。
□ 3. 我會去上和工作領域有關的課程，或是正在準備考證照。
□ 4. 我正在用小額資金投資股票。
□ 5. 我關注經濟，正在學習相關知識。
□ 6. 除了銀行整存，我還投資基金、股票或美元商品。
□ 7. 我會積極了解，並對新的金融經濟單字和新推出的服務感興趣。
□ 8. 我會記帳並管理金錢。
□ 9. 我的生活方式符合我的收入水準。
□ 10. 我對理財有興趣。

● 超過七個〇：你是理財高手。
● 有四到六個〇：你介於理財高手和新手之間，要奮發圖強了！
● 不到三個〇：你是理財新手，需要積極學習金錢知識。

〔我跟有錢人偷學的錢滾錢祕笈〕

我每天凌晨三點起床的理由

學習是需要時間的，就像小孩子為了學走路，必須經過數千遍的嘗試和努力一樣。但是大部分職場人士無法充分利用時間，因此我們有必要詳細記錄和分析時間。

各位是否覺得自己完全沒時間？我是育有兩個小孩的職業婦女，有人問我，要一邊育兒，一邊上班，怎麼還有時間寫文章，甚至出書，我總是給出同樣的答覆：「我有很多時間可以寫作。」

事實上我也經常覺得時間不夠，一天當中有一半的時間都在公司，傍晚時則和孩子們一起度過，到了晚上就累得睡著了。就這樣，我也總是覺得沒時間，覺得把時間花在自己身上很奢侈。

但是我沒辦法就這樣放手不管，必須努力找到能用在我身上的時間，我不希望因為沒有時間就放棄我想做的事情，而是「儘管我沒時間，我還是想做我要做的事」，就這樣我找到了凌晨這個時間。

我在凌晨三點起床，比別人還要早開始一天。我利用我最有活力的凌晨，度過了屬於自己的時間。韓國有段時間很流行「奇蹟的早晨」，就我來說，稱之為「奇蹟的午夜」，可能比稱之為奇蹟的早晨要更正確一些。

我會善用凌晨起床後，一直到出門上班前的這段時間。對我來說，凌晨起床的好處是會有成就感，做完今天一定要做的事情後再去上班，心情真的很暢快；第二個好處是自主性。光是能做我想做的事情而不是別人指使的工作就能提高我的自尊感。

只是，要在凌晨起床剛開始是需要努力的，不能單靠意志是要付諸習慣。我會每天一起床就拍起床照，然後上傳到部落格，用這個方式督促自己。第三個好處是健康。因為要早起，所以我養成了早睡的規律生活，還讓我賺到了減重。

我利用凌晨時間完成了很多事。我開始寫部落格、拍 YouTube 影片、學習房地產還寫了書。針對覺得自己沒有時間的人，我更推薦在凌晨起床，這會讓你了解其實自己是有很多時間的。

最後，我有些話想對認為「我沒有時間、我的通勤時間很長、我每天都要加班」的人說，希望你能仔細想想是不是真的沒時間，然後在有限的條件和環境下，做些能默默堅持下去的事情，若是什麼都不做，就什麼事都不會發生。

第 2 章

理財小白的分階段投資術

不管用什麼方法，你都要盡快存到第一桶金，這樣才能進行投資、快速的滾錢。

01 逼自己一年內存到第一桶金

只需執行三個階段，就能讓你成為有錢人，那就是節省、儲蓄和投資。

第一階段節省，是成為有錢人基本中的基本，因為只有節省才能存到錢。如果你問該節省到什麼程度？我想告訴你「要養成花錢只購買民生必需品的習慣」。

存錢期間必須克制文化消費和興趣活動消費。若是抱持著小錢再怎麼存也只是小錢的想法，那麼你絕對存不了錢。苦盡總會甘來，雖然在存錢期間會很辛苦，但這份辛苦日後定會為你帶來一大筆錢作為報酬。

只要養成不花錢的習慣，久而久之就會習慣，反而是在習慣不花錢後，遇到需要消費的時機就會思考：「這是明智的消費嗎？」相反的，要是已經習慣花錢，那就不會把花錢當一回事，而是會想「昨天也花了，再花這一次也不會怎麼樣吧」。

消費也是一種習慣，和大把大把花錢的人相比，節省的人自然能存到錢。再說一次，需要這樣省錢的時期，不過就只有年輕時的幾年而已，在這個時期聰明的節省、儲蓄、創造收入的話，那麼日後的數十年就可以不用為錢擔憂了。

成為有錢人的第二個階段，就是儲蓄省下來的錢，這裡指的不是要你存小錢，而是要存大錢。我說的大錢基準是一千萬韓元（約新臺幣二十三萬元）。就算是投資股票，也需要有一千萬韓元，才能在產生一〇%的報酬時賺取一百萬韓元。如果是投資房地產，至少要有一千到兩千萬韓元以上的大錢才有可能投資。

錢，有越滾越大的屬性，這稱作「雪球效應」（Snowball effect），這是在比喻一旦滾動了一顆像拳頭般大小的雪球，久而久之它就會成為一顆巨大的雪球。因此我們應該把焦點放在創造大錢這件事情上，存不了錢的人一輩子都成不了富人。

如果你從來沒有存過一千萬韓元，那就狠下心，給自己定下半年至一年的時間，然後在那段時間存到一千萬韓元吧！

成為有錢人的最後一個階段，就是「投資」。投資聽起來雖然好像是什麼了不起的話，但我們追求的不是創造報酬率一〇〇〇%那樣龐大的投資。體驗一下獲得比物價上漲率再高的四%至五%的收益吧，每月收取月租[10]五百萬、一千萬韓元的房東們也都是從這樣的經驗開始，最終致富的。

第一次投資就成功的案例很少，多數人都是用小錢一邊累積經驗，一邊學習投資，等到有自信能夠不虧本後才投入大筆資金，並得到高於平均的收益，從而成為有錢人。

我敢斷言世界上絕對沒有既安全又能獲得高報酬的投資。所有的投資都伴隨損失本金和市場下跌的風險，必須在能夠承擔風險的程度下投資才不會失敗。

希望各位不要向銀行貸款或把全部的財產都拿來投資，而是持續累積小筆投資經驗。不論是房地產、股票還是美元，所有的投資都一樣。

其實要成為有錢人的方法很簡單，並不是聰明就能致富，只有享受老實存錢的過程，並持續學習的人才有資格成為有錢人。請捫心自問自己有著什麼樣的消費習慣？存了多少錢？正在學習投資相關知識嗎？

如果這當中有一項的回答是「ＮＯ」的話，那就努力將答案變成「ＹＥＳ」吧！

---

10 韓國的租房制度分成「月租」與「全租」。月租與臺灣相似，繳交保證金之後按月交房租，待約滿到期，房東就會退還保證金。全租則是一次預先繳交高額保證金，不須再繳月租，若簽約期滿後不續租，房東就會全數退還保證金。採全租制的房東會將收到的保證金拿去定存或投資，將獲利作為租房收入來源。

02 少喝兩杯咖啡，多買幾本理財書

我的職場生活在不知不覺中邁入了第十四年，我曾一度以為只要就業，就能賺錢成為有錢人了，沒想到真正開始工作後卻發現不是這麼回事。

事實上，**上班族想致富，就應該花的錢比賺的錢少**，然後把這筆錢存起來拿去投資，這需要花時間，因為雖然每個月都有穩定的收入，但金額並不多，社會新鮮人更是如此。剛進入職場初期，還處在學習的階段，因此公司當然也就只給那樣的薪水。等到累積了年資、升遷後，薪水就會跟著變高。

不過並不是說年薪達到上億韓元就能成為有錢人，還是有很多人即使年薪超過一億韓元，依然為了致富而工作。這些人可能是平步青雲的上班族，也可能是在默默努力工作的平凡上班族。

上班族要致富的方法只有一個，那就是減少支出、儲蓄以及投資，要滿足這三個條件才能致富。多數上班族雖然會減少支出並儲蓄，但還會另外投資的人卻不多。

若你的薪水穩定但薪資不高，一定要學習金錢相關知識。買書學習會比在網路上搜尋知識來得好，網路上有太多不實情報以及偽裝成專家的人。我看過很多對於自稱專家的人，有多少資產都不清楚就盲信對方，導致最後失去金錢的例子。

相反的，**書不會騙人，雖然書有其時效性，但真理不會改變**，如果能以兩、三杯咖啡的價格，購買具有公信力的作者的努力和經驗，那就是明智的消費。

逛銀行，實體和網路都要經常逛

各位常去銀行嗎？老實說，我曾害怕去銀行，因為銀行給人的整體印象是冷冰冰的。不過如果你想致富，那就要常常去銀行，這樣你可以用最快的速度接收到投資報酬率高的商品和貸款相關資訊。

銀行員當中有不少人對理財瞭若指掌，如果認識到這樣的職員就和他拉近關係，這樣就能接觸到很多重要資訊。

因為銀行是一個以顧客滿意度為優先的地方，所以我親切的對待所有顧客。不過在這些顧客當中，當然有更讓我傾心的顧客，由於我希望他們能夠藉由投資賺取更多的額外收入，在推薦商品時總會先深思熟慮。

有一天，我遇見一位從事不動產經紀業的顧客，身為投資者，我也去過很多間不動產仲介公司，進而對不動產經紀人這份職業產生興趣。我問他要怎麼才能成為不動產經紀人，他爽快的遞給我一張名片，說我有空的時候隨時可以去找他聊。只要遇到這樣的顧客，我的心情就像收到一份大禮一樣開心。

我努力並不是為了建立銀行員與顧客之間的關係，而是為了建立人與人之間互利的關係。有句話叫「施比受更有福」，這是在說付出的人會比接受的人成功，只要思考「我能夠幫助對方什麼」，來找我的人就會變多。

去銀行的時候也請記得這句話，良好的關係能為你帶來更大的財富，銀行雖然是販售金融商品的場所，但它基本上也是幫顧客累積寶貴資金並擴大資產的地方。

顧客期待銀行能守護自己的資產並且將錢變多，因此銀行才會向客戶建議各式商品。偶爾會有顧客因我的建議而開始投資並獲益，看到他們開心的樣子，我也覺得欣慰。

若是因為沒時間而無法親自去銀行的話，那就時常上銀行網站看看。近來，所有業務都能以非面對面的方式進行，商品說明也很詳細，就算沒有親自臨櫃，也能知道最新商品、熱門商品、利率和匯率等資訊。

除此之外，我還推薦基金超市與基金總匯，或是能夠比較各儲蓄銀行利率的儲蓄銀行中央會、能夠比較第一金融圈[11]商品的金融商品一覽等金融網站[12]。

我在一天當中最常思考關於金錢的事情，工作以外的時間會想該如何建立資產、增加財富。希望各位也能像我一樣，多留意並學習關於金錢的知識。

11 韓國為了方便稱呼，將金融圈分為第一、第二、第三金融圈。第一金融圈指的是負責資金調度的存款銀行，一般銀行、地方性銀行、外資銀行、網路專門銀行等都包含在此。

12 臺灣讀者可上金融管理委員會的金融智慧網等，瀏覽相關資訊。

04 社會新鮮人的第一步：記帳

各位一個月花費多少？都花在哪裡？會不會安排一些時間確認銀行對帳單，回頭檢視自己都消費了哪些？現在就告訴各位該如何區分想要的和必要的東西。

首先，當你下定決心要買某個東西時，請區分「這是因為有需要才買，還是因為想擁有而買」；還有，如果是必需品的話，盡量在合理的價格範圍內做選擇；若這是基於物欲才買的東西，那就再三思考一下。

各位有沒有因為物品成了累贅而丟棄的經驗？而會購買這些物品的理由一開始都是因為一時心動、看起來很有價值，或是因為感覺可以用很久？

在購物時，各位要問問自己是不是合理化需要購買的理由。在購買任何東西之前，都要養成習慣，分辨這個東西是必要還是想要之後再購買。

我將告訴各位，如何確認自己在一個月內消費了哪些、節省了哪些東西。首先要每個月分析銀行對帳單，以便了解自己在一個月內買了哪些東西、在哪裡消費，然後把內容寫在家計簿上。

記帳是為了掌握自己金錢的去向，這有助於你提早規畫資金使用狀況，減少不必要的支出。剛踏入社會的那段期間也是你要存一桶金的時期，因此請務必開始記帳。

我建議**只要簡單記錄即可**，如果寫得太複雜，反而很難持續下去，簡單將項目**分類成固定支出、餐飲費、生活用品費等，抓出各項預算後按照預算生活**，等之後累積到一定的財產，就不用記帳的方式，而是改成每個月檢視自己的財務狀況。

如果將記帳比喻為看一棵樹木，那麼檢視財務狀況就是在看一片樹林，也就是說，剛出社會時，需要減少生活費並要養成把薪水存下來的習慣，等過了一段時間後，就需要掌握大項支出和收入的流向。我也是用這種方法管理月薪以外的收入。

圍棋中有一個術語叫覆盤，意思是重新走一遍對弈的過程，從中學習。若你認為反正錢都已經花出去了，而沒有回想過支出項目的話，那麼我希望你務必看著紙本對帳單，一筆一筆覆盤，看看當中有沒有不必要的消費，有沒有為了轉換心情而衝動購買的東西。對剛出社會的新鮮人來說，這個習慣非常重要。

華倫・巴菲特曾說：「去儲蓄、投資吧，然後再儲蓄、再投資吧！」他當過報童，靠送報賺的費用雖然很少，但他很努力儲蓄，然後將存起來的錢拿去投資未來。比起遙遠的未來，人們更喜歡得到當下的滿足，因此覺得儲蓄很困難。

不過要是真的想成為有錢人，就不要在意別人的眼光，把錢省下並儲蓄。如果只做自己喜歡的事情，絕對無法致富，只有接受去做討厭、困難又辛苦的事情才有可能致富。

05 辦一張額度不高的信用卡，累積信用

我在銀行推銷和販售金融商品，協助顧客申辦信用卡也是業務之一，但老實說，我比較推薦辦理簽帳金融卡。我大部分的消費也都是用簽帳金融卡，使用簽帳金融卡對於上班族來說在年末精算[13]時的優惠也更多。那麼信用卡和簽帳金融卡存在什麼差別？

首先，簽帳金融卡因為連結銀行帳戶，只能在既有的現金範圍中消費，換句話說就是帳戶裡必須有錢才能使用，有多少就只能花多少。因此使用簽帳金融卡的話，自然而然就能養成花費不超過收入的習慣。

13可視為臺灣的報稅。韓國每年二月由代扣代繳義務人（資方）結算勞方上一年度的勞動所得金額，並根據勞方提交的所得稅額扣除報表等文件，確定其應承擔的稅額的制度。如資方幫勞方預先扣除的稅額合計，高於年末精算核定的稅額時，韓國政府會將超收稅款退還給勞方；反之，勞方需補繳其差額部分。

而信用卡顧名思義就是以信用為基礎，其運作方式是以申請人的信用度為基礎，計算出可運用的額度，在額度內用錢、還錢，就算帳戶裡沒有錢也還是可以消費。

從這方面來看，信用卡嚴格來說就跟貸款一樣。若將借錢的行為定義為貸款，那麼信用卡也該被視為貸款。

事實上使用信用卡並不構成問題，問題在於沒有自制力的人會盲目的使用信用卡，然後拖繳卡費，使信用降低。

信用比金錢更重要，得要有信譽才會有人願意借你錢，若想從事經濟活動就不能對信用管理掉以輕心，加上信用一旦下滑，就很難再提高。

我看過不少二十多歲的社會新鮮人因欠繳卡費，導致其信用下降，受銀行催債所苦，這都是因為他們沒有受過金錢教育。

使用簽帳金融卡消費，是我剛出社會時養成的好習慣之一，如果使用信用卡，下個月就會出現要償還的錢，這讓我倍感壓力。我買車或是出國旅行時，也都是存了錢之後，用簽帳金融卡支付的。

換句話說，我的消費方式是當有了想要購買的東西，我不會先買下來再去還錢，而是會去**計算購買那樣東西所需的費用，算出每個月該存多少錢，存錢後才購買**。若你是社會新鮮人，養成這樣的消費習慣，長期下來對你會是有利的。

那麼意思是不要辦信用卡嗎？不是，你應該辦一張，因為你必須有信用紀錄才能在銀行或是金融公司貸款，而沒和銀行有往來紀錄的小白（Thin filer）[14]在申請貸款時，可能會被銀行拒絕。

因此我建議社會新鮮人辦一張額度不高的信用卡，並養成不超支的習慣，這樣的習慣能培養自制力，而自制力不僅能反映在日後的消費上，也會成為你整個人生中重要的道德準則。

二〇〇一年的時候，韓國曾經有一個信用卡廣告藉著一句「祝你發財」的廣告詞造成轟動。但是要記得，使用信用卡的話，會成為有錢人的只有信用卡公司，不會是自己，因為消費金額當中的一部分會成為信用卡公司的收入。

「我花錢的同時就是有人在賺錢」這句話，反過來說就是「如果我想賺錢，那就得有人付錢給我」，也可以說，我需要生產並提供某樣有價值的東西才能賺到錢。從供給者的

14 對於銀行而言，無任何往來紀錄、沒有信用卡等，稱為信用小白。如果年輕人用的是父母的附卡、簽帳金融卡也無法累積信用。

角度思考，而不是只用信用卡消費，這樣才能賺到錢。

在現代，要消費很容易，如今完善的便捷支付系統讓花錢這件事變得更簡單，越是這種時候就越要想著守護資產，不要養成舉債購物的習慣，而要培養慢慢存錢後消費的習慣。還有建議大家不要累積消費性資產，而是要累積可增值的資產。

消費也分為減少錢的消費和增加收入的消費兩種。買車、衣服、鞋子等是減少錢的消費；把錢花在書、資產、教育等則是增加收入的消費。嚴格來說增加收入的消費算是投資，要想累積財富，希望各位投資增加收入，而不是只做減少錢的消費。

06 每天自己帶便當，讓我存出一棟房

讓我來告訴大家，身為銀行員，我是怎麼減少生活費的。

我從剛進公司開始就**每天帶便當上班，節省餐費**。其實一個月生活費當中，占比重最多的就是「餐費」，如果是上班族，每天光是吃飯和買咖啡的錢，加起來一天就要一萬韓元，一個月就算只存二十五萬韓元，一年也有三百萬韓元。

羅伯・摩爾（Rob Moore）的《駕馭金錢》（*Money*）一書中有這麼一句：「有研究結果顯示，每天帶便當上班，一輩子能省下至少一億韓元，這就是積少成多。」靠存午餐錢來增加收入的我，對這句話感同身受。

在我上班的第一間分行裡，有幾位員工帶便當上班，我也加入了他們的行列，就這樣每天吃自己帶的便當，可以節省中午往返餐廳的時間，加上吃的又是調味料較少的食物，

讓我也變瘦了。

當然，最大的優點在於能夠節省金錢和時間。我就這樣一天存一萬韓元，一年後存到三百萬韓元，把三百萬韓元乘以我的年資十三年的話大約是三千九百萬韓元。

這真的是很大一筆費用，大到可以買一棟房子了，也可以投資股票或指數股票型基金（ETF）[15]。所以，依照我的經驗，想告訴各位，想買東西的時候，不要認為「不過才一萬韓元，就買吧」，而是要想想當那筆錢累積下來變成大錢的模樣。

減少喝咖啡的錢也是我的省錢習慣之一。如果在公司外面吃午餐，就免不了會買杯咖啡來喝，有時候在上班的路上也會買咖啡喝，這樣下來，有時一天光是咖啡錢就要花掉一萬韓元，所以我**改喝公司提供的即溶咖啡**。

喝公司提供的即溶咖啡曾是激勵我去上班的動力，在擠滿人的地鐵裡暈頭轉向的時候，只要想到在公司喝甜甜的即溶咖啡，就會讓我打起精神去上班。就算只有省去午餐外食和咖啡，可以累積的錢也會變多。

當然也會有人覺得每天這樣省一點沒什麼意義，不過重要的是養成節儉的習慣，只要養成節儉的習慣，在控制金錢和儲蓄方面就會產生自信，有了自信這個基礎，就能養成富人心態。

雖然會很辛苦，但請堅持下去，沒有努力就一定不會成功。只要創造比昨天更好的今天，然後累積這樣的今天，就能一步步邁向成功。長期下來，即使失敗了也不會害怕，而是會從失敗中學到經驗，更進一步。

儲蓄也一樣，就算今天失敗了，那就在明天節儉吧！一點一滴的省下來，日後就會成為一大桶金。剛出社會時應該養成節儉和重視金錢的習慣，並練習養大「富貴之碗」。

15 指數股票型基金（Exchange Traded Funds，簡稱ＥＴＦ），是被動追蹤市場上主要指數或債券市場指數的共同基金，在集中市場掛牌後，像一般股票交易讓投資人買賣。

07 戶頭裡要有三個月薪水的風險預備金

若已掌握了每個月的消費情況，一定要記住每個月固定存一筆應付每年日常生活外，但可預期的特別高額開支（例如財產稅）；以及預防非固定性支出（例如突然生大病）發生的預備金。

現在要分享我制定預備金的方法。

我的方法是**另外開一個預備金帳戶，把薪資以外的獎金和節金存在那裡，收到獎金後不是開心的把它花掉，而是拿來儲蓄，以備不時之需**。生活在現在這個什麼都不確定的時代，**預備金是必備的，而且最少要有月薪的三倍多。**

比起用一般存提款帳戶來儲蓄預備金，選擇有指定到期日的自由儲蓄帳戶存款，或是投資貨幣市場基金（MMF）[16]、現金管理帳戶（CMA）[17]等短期金融商品比較有利。

制定年度預備金的方法是先列出一月到十二月，然後寫下每個月必須事先安排的項目或必要的費用（參考下方圖表2-1），像是汽車牌照稅、財產稅、汽車保費和家人生日等。比如，已經確定了需要汽車牌照稅六十萬韓元、財產稅一百萬韓元、汽車保費五十萬韓元、家人生日三十萬韓元等，那麼一年至少就需要兩百四十萬韓元。要是能準備約五百萬韓元的預備金，遇到突如其來的事情也就能從容應付了。

16 貨幣市場基金（Money Market Fund，簡稱MMF），是指投資於貨幣市場上一年以內有價證券的一種投資基金。

17 現金管理帳戶（Cash Management Account，簡稱CMA），是一在證券行開設、可以同時滿足現金存放、投資、消費支付等資金進出的需求，且依照帳戶系統上設定的資金運用順序或方式，達到有效管理並靈活調度資金及節省成本的現金帳戶。

▶圖表2-1　寫出一年當中預計會花到的高額支出

月份	項目	費用	月份	項目	費用
一月	汽車牌照稅	60萬韓元	七月	財產稅	50萬韓元
二月			八月		
三月			九月	財產稅	50萬韓元
四月	汽車保費	50萬韓元	十月	老公生日	20萬韓元
五月			十一月		
六月	兒子生日	5萬韓元	十二月	女兒生日	5萬韓元

08

重點不是你一個月賺多少，而是你花多少

這裡我想講關於現實的賺錢方法。不少人以為只要就業就好了，其實就業之後才是賺錢的開始，因為這意味著我們成為了一名大人，要擔起管理薪資、儲蓄、消費等所有金錢方面的責任。

但是目前為止，所有的學習都只是為了求職，我們從來沒有學過金錢和理財方面的知識，我在剛出社會的時候也曾是個金融文盲。

我想回到十三年前，談談我的經歷。當時我的月薪是一百五十萬韓元（約新臺幣三萬四千元）左右，現在看來不是一筆大錢，但對二十歲出頭的我來說，能賺到超過一百萬韓元是很了不起的事。

我拿到第一份薪水後，做的第一件事情就是開「儲蓄帳戶」，然後下定決心要存到兩千萬韓元，沒什麼特別理由，只是覺得應該要有兩千萬韓元才能做些什麼。

但是每個月這樣存了一百萬韓元下來，滿一年時我存到了兩千萬韓元，這個數字遠超過我的目標金額。每個月存一百萬韓元，存一年是一千兩百萬韓元，加上利息也還不到一千三百萬韓元，我是怎麼存到兩千萬韓元的呢？

重點在於我養成了每個月只用五十萬韓元當生活費的習慣，加上我把薪水以外的獎金都存起來了。要是想要存一桶金，就要養成花費限定金額的習慣，特別是消費絕對不能超過所得，只要超過了就不能致富。

二十幾歲是個收入低、但購物欲很高的年紀，因此能夠確實存錢的人不多，大部分人因為賺了錢很開心，便會隨心所欲的消費。不過社會新鮮人時期的消費習慣非常重要，這個時期如果習慣了揮霍，就無法成為有錢人，而已經形成的消費習慣也很難再改變。

在**存錢方面，最重要的不是「我的薪水有多少」，而是「我的支出是多少」**。在銀行工作時，我看過每個月賺一千萬韓元，卻還是飽受信用卡催繳之苦的人，也看過每個月將不到兩百萬韓元薪資老實儲蓄下來的人。

看著這些人就能知道，一個月花多少錢才是重點。

不要抱怨薪資太低，先檢視消費習慣！希望各位收到對帳單後，能夠逐一檢視支出內容，看看有沒有因衝動而購買的東西、不必要的消費或是還有沒有能夠再節省的地方。

我認為生命中最重要的道德準則之一就是自主性，也就是在任何情況下都不去責怪自己做不到的事情，而是去完成自己可以做的事情。

若是覺得薪資太少，那就培養能力或是靠副業增加收入，當然就業初期因忙於適應工作環境，不會有心思去考慮副業，關於副業的內容雖然在後面會討論，但如果現在當下沒有其他辦法，那麼集中在減少支出才是明智的解決方案。

十三年前剛進公司時，如果我的想法是「薪資不過才一百五十萬韓元而已，就花掉吧，反正下個月再賺就是」，那麼就很難創造出現在的資產。當時的我也因為公司業務和考金融證照而忙得暈頭轉向，連副業的「副」字都沒想過，所以我集中在馬上就能執行的減少消費，同時我高度認同一百五十萬韓元的價值，把它視為是一筆珍貴的錢，為了存到第一桶金，我非常珍惜零錢。

在闔上本書的瞬間，一定要學到的是開始執行自己的存錢專案。我喜歡把所有事情做成專案，並實現它，如果只有自己一個人做太累的話，那就找其他人一起進行，像是制定「在三年內存到〇億韓元計畫」。

我建議你訂下一個月能夠存到的現實目標金額，在一定期間內持續儲蓄。所有事情的開始和結束都要設定目標，沒有設定目標只顧看著前方跑，就如同在沒有地圖的狀態下漫無目的的奔跑，很有可能到達不了目的地。

要是已經下定決心存錢，那就設定像是「一年內要存到三千萬韓元」這樣的目標，把目標分成幾個小區塊，算出一個月該存的金額，然後扣除要儲蓄的錢，在剩下的金額範圍內生活，這是創造一桶金的基本條件。

09 想法會塑造你的模樣，造就你的行動

為了成為有錢人，必須具備富人心態。現在就開始下定決心成為有錢人吧！只要像有錢人一樣行動就好，這是在欺騙大腦，如果我自認已經為了有錢人，那麼我的行動就會變得跟有錢人一樣，成為真正有錢人的概率也會提高。

還有一個心態是必須具備的，那就是要有「世界上有多到滿出來的錢，而我的錢包裡也有很多錢」這樣的想法。**窮人常說：「我沒錢，為什麼我的錢總是不夠？」這種話不能說也不能想。**

想法會塑造出你現在的模樣，也會造就出你的行動。我們要從改變想法開始，想像有過剩的錢、手中有滾滾的財源。

自從我改變想法後我就不再擔心錢了，我見過擁有一百多億韓元的富豪，也見過一個月只靠二十萬韓元生活的人，他們的差異在於心態的不同。對我來說，我最大的優點就是自信，雖然可能是毫無根據的自信，但我努力用積極自信的心態看待每一件事。

「他都做了，我為什麼不行？世界上沒有不可能的事，我也能成為有錢人，我一定能享受富貴！」只要這麼想，在下定決心的那個瞬間，你就已經靠近夢想的一半了。

值得注意的是，書店裡所販售關於財富的書籍當中，以講述有錢人心態的書籍最多，這是因為在練就賺錢的方法和技術之前，必須具備的就是富人心態。

我也曾抱怨過「為什麼薪水才這些」，但我還是自我催眠「我是可以月入一千萬韓元的人」，絕對不會說出「因為沒有錢所以我做不到」這種話。

思想會化成語言，語言會化成現實，要經常想像錢太多，多到滿出來的場景。如果認為自己沒有錢，那麼就真的會過著沒有錢的人生；如果認為自己很富裕，那麼朝富裕生活靠近的機率就會變大。

拋開使用負面語言和怪罪他人的習慣，也丟掉對現實感到悲觀的態度，即使遇到挫折，成功的人也會從挫折中學習，與其因挫折而痛苦，不如接受挫折帶來的教訓，如此就能成功。

也就是說，想成為有錢人，就得具備富人心態，積極看待所有事情。

10 不要幻想一次就獲得重大成功

若想理財，首先需要有一桶金，那該怎麼累積一桶金呢？接下來會分階段說明累積一桶金的方法。

首先要存一桶金，最好在一年左右達成，在一年內至少存到一千萬韓元至五千萬韓元左右，然後將之運用。

我建議社會新鮮人把零存整付存款當作基本，若想在兩至三年內累積到一桶金，那麼就同時定存和買基金。

基金是一項根據投資成果決定收益率的商品，雖然可能損失本金，但因為是累積式投資，能降低平均買入的單價，損失風險也就不高。把一部分資金放定存，一部分拿去投資基金，這才是明智的做法。

為了讓存到的錢快速增長，下一個階段是要進行投資。有一個投資心法叫滾雪球效應，就是累積錢財後，讓財富增加的速度變快。

我把這桶金運用在基金，用投資的方式賺錢，然後再用賺到的錢買下了自用住宅，之後再透過增加房地產的方式累積財富。就這樣，只要存到一定程度的資金，就得透過股票、房地產、外匯等方式積極的滾錢。

接下來輪到守住累積的財產。當你累積到一定的資產時，就到了必須守護財產的時候了。沒有人知道資產會有什麼變動；若是投資了股票和基金，相關資產也可能會暴跌。為了應對市場總是反覆出現繁榮和蕭條，必須好好守護財產。

由於執行這三個階段需要很多時間，要記住，沒有什麼東西是會自然達成的，用一顆農夫的心去耕耘財富吧。

剛出社會時，拿到薪水只覺得茫然，不知道該怎麼滾錢，不過只要把理財視為一輩子的功課，就可以消弭不安。

拿到人生中第一筆薪水後，可以試著畫出屬於自己的財富路線圖，設定好目標金額，了解自己每個月必須繳交多少錢才能達標，然後將一部分的資金挪去購買必要的保障型保險和年金商品，做好準備，讓自己的資產不會因遭逢意外狀況而損失。

因貪圖一次性成功，而將全部財產都投資到股票或比特幣（Bitcoin），這是很危險的。對於理財知識不多的社會新鮮人來說，養成長久的理財習慣比一次就大獲成功來得重要，不管是股票還是其他投資，從小額開始熟悉投資的感覺。希望各位能畫出致富的大藍圖，而不是追求短期收益。

〔我跟有錢人偷學的錢滾錢祕笈〕

花錢會成習慣，存錢也是

習慣的力量真的很偉大，不過你知道習慣這個東西也能用於儲蓄嗎？

我認為消費也是一種習慣，一旦養成消費習慣，花錢就會成為自然，但是消費的問題本質在於只要買了一個，就會想要再買第二個。

比如說，買衣服後就會想要買搭配那件衣服的包包，買了包包之後就想再買搭配包包的鞋子，而買了鞋子後就又會想買與之搭配的飾品。多數人應該都有過這樣的經驗。

預防這類惡性循環的辦法，就是在一開始就先養成儲蓄而非消費的習慣，也就是**在習慣花費之前，先培養累積的習慣**。雖然好像很困難，但反而當你看到累積的金額時，你就會像中毒一樣，無法自拔。

如果你是第一次存錢，一定要申請存簿，親眼確認正在累積的金錢，相信你一定可以從中感受到，一桶金正在形成的快感。

第 3 章

我的客戶都是這樣達成財富自由的

想讓資產積少成多，就要懂得利用銀行，並具備金融知識。

01

選定一家經常往來的主要銀行

各位都在哪一家銀行做主要交易呢？通常主要交易銀行是指薪轉銀行、有最多存款的銀行以及經常使用的銀行。主要交易銀行可以是公司指定使用的銀行，也可以是往來很久的銀行或是離家近的銀行。

而指定一個最方便使用的銀行並持續使用的好處很多，（以下情況皆指韓國的銀行，部分內容不適用臺灣的銀行）像是根據實際交易紀錄，可以得到免手續費優惠等。

各位從主要交易銀行那裡得到多少優惠呢？小至在提款機領錢的手續費，大到補發存摺、卡片的手續費等，各位可能正享受著各項免除手續費的優惠。

銀行提供顧客免手續費的服務，若是該帳戶每個月有固定金額入帳，銀行就提供薪轉帳戶優惠；若該帳戶的目的是為了領取年金，銀行就提供年金帳戶優惠；若該帳戶是專門用來繳交公共費用，銀行就提供主要交易帳戶優惠等多種優惠（臺灣相關補充資料見圖表3-1）。

這些優惠不是你辦了帳戶就會自動提供，而是需要登記為免手續費帳戶才能享受優惠，如果你目前沒有享有任何優惠，那就去銀行確認並申請。免手續費帳戶可享免除網路銀行轉帳、使用自動提款機、簽發支票及窗口辦理轉帳等的手續費。

為防患未然，告知卡片使用和存提款交易內容的簡訊通知服務也是很多人使用的一項服務。不過這類服務會產生手續費，因此建議選用行動裝置應用程式（App）的免費推播通知，它不透過簡訊，而是App跳出通知，使用者只要直接用手

▶圖表3-1　2021年臺灣各銀行數位帳戶常見優惠比較一覽表

數位銀行帳戶名	最高臺幣活儲利率	每月免費國內跨轉	每月免費國內跨提
台新銀行 Richart數位銀行活期儲蓄帳戶	1.2%	5次	5次
樂天國際銀行數位帳戶	1%	10次	10次
上海銀行 Cloud Bank 數位銀行帳戶	1.2%	10次	10次
兆豐銀行 MegaLite 數位存款帳戶	1.2%	10次	10次
國泰世華 KOKO 帳戶	0.15%	50次	15次

備註：僅舉5家為例，其餘請上各大銀行網站查詢。

出處：各銀行網站（註：此為臺版增補資料）。

機申請即可。

我也有下載銀行的通知服務App。透過使用主要交易銀行賺取優惠，不僅能省下一些小錢，在購買其他金融商品時也能享有大大小小的優惠。可以用薪水或年金入帳為條件享利率優惠，或是在貸款時享受利率減免。比起同時在各個不同銀行進行交易，持續使用同一家銀行的好處更多。

各位的主要交易銀行是哪一家呢？務必要透過網路或親至銀行服務據點，了解自己可以享受的優惠。

02 薪資一入帳，就轉入不同帳戶

若是你還沒養成存錢的習慣，那我建議你配合不同的目的開設不同的帳戶，可以為每個帳戶命名，像是學費資金、旅遊資金、父母親六十大壽資金等。

漫無目的的存錢和制定目標後存錢的旅程不同，這就和當你在做事時，處在知道為什麼要做與不知道為什麼要做的情況下不同，是一樣的意思。就算你只能夠明確給出「為什麼」這個問題的解答，也會提高成功的可能性。

詩人尼采（Friedrich Nietzsche）曾說過：「知道為什麼要活著的人，在任何情況下都能堅持下去。」再者，決定存錢的理由與資金的用途時，並不是單純幫存摺命名就好，而是要計畫如何運用年度資金，以應對一至三年內會發生的活動和問題。

我也曾在出社會初期，為了和母親一起旅遊，另外辦了存款，一個月存五十萬韓元，最後存到六百萬韓元，用這筆錢去了一趟旅行。像這樣，無論是創業基金、留學基金還是旅遊基金，要有明確的目標才能成功儲蓄。

還有，**若要根據目的存一桶金，那就要設定自動轉帳，在薪資入帳的同時將錢自動分轉到不同的存摺，然後用剩下的錢生活**。為了堅守這個原則，必須盡量減少使用信用卡。

對理財一竅不通的我當時做得最好的選擇，就是我存下了大部分的收入。各位應該聽過「要將收入的八〇％都存起來」這句話。這是基本，也是一定要遵守的事項。

我剛出社會時的月薪約一百五十萬韓元，我每個月存一百萬韓元，一年後看到存下的大筆錢，不知道有多激動。越是社會新鮮人，比起花錢，要懂得存錢的樂趣，必須了解積少成多的樂趣，透過消費得到的喜悅很快就會消失，但能從儲蓄獲得滿足及提高自尊。

覺得要用那麼少的錢生活看起來很窮酸？剛出社會時努力一、兩年存下的存款，讓你可以開始執行任何計畫，成為你的自尊來源。

各位務必設定目標和目標金額，若是剛出社會，那就設定就業後一年內要存到的金額。當然，每個人的收入不同，目標也會不同，像我的目標就是在一年內存兩千萬韓元。

實踐第一步可以設定目標後把它寫在紙上，然後放在書桌前或是設為手機的背景畫面等，記錄在容易看到的地方。這意思是要你經常看，然後朝目標前進。

存錢就像跑馬拉松，很無聊，偶爾還想放棄，這都是正常的，遇到這種時候可以和某個人分享目標，與對方一起朝目標努力。要懂得利用各種方法，實現自己想達成的目標。

03 匯兌利益，不用出國就能賺遍全世界

換匯顧名思義就是交換錢的意思。只要是去國外旅行的人，都一定會換匯。各位在換匯的時候享有多少匯率優惠呢？該不會銀行員給多少就換多少吧？

在韓國，匯率方面也是可以得到優惠的，哪怕只是隨便問一個問題，銀行員也會告訴你得到優待匯率的方法，最多可得到一〇〇%的優惠，最少也有三〇%！現在就讓我告訴大家如何聰明換錢吧！

偶爾會有一些來銀行換錢的人，看到銀行的匯率和網路上顯示的匯率不同而感到驚訝。我們所知道的買賣基準率，就字面上來說就是在換錢時的基本匯率，但是我們在進行買賣時，必須確認賣出和買入的匯率。

去銀行換匯之前，最好先在該銀行的入口網站搜尋「換匯計算機」，然後計算看看自己要換的金額，另外因為每間銀行的匯率都有些不同，需要精打細算。

舉例而言，A計畫要去美國旅遊，目前一美元的買賣基準率是一千韓元，A計畫要換一百美元，便準備了十萬韓元，但是銀行卻告訴A需要十二萬韓元。

這是基於現金買入匯率和賣出匯率存在著差異，銀行賣出外匯時會賣得比較貴，向顧客購買時則以比較便宜的價格購買，這就叫「匯兌利益」。A去了銀行才發現目前銀行的買賣基準率是一千韓元，現金賣出價是一千兩百韓元，現金買入價是八百韓元，也就是說A如果要買一百美元，就必須有十二萬韓元；反之，如果A要賣一百美元，就只能拿到八萬韓元。買入和賣出的匯差就成了銀行的利益。

那如果享有匯率優惠，可以用便宜多少的價格換錢呢？假設A必須用一千兩百韓元購買一美元，但他有一〇〇％的匯率優惠券，那麼他就能得到銀行的賣出價（一千兩百韓元）和買賣基準率（一千韓元）價差的一〇〇％，也就是兩百韓元的優惠，這個意思是他可以用買賣基準率換錢。

如果A持有八〇％的優惠券，那麼他就可以拿到兩百韓元的八〇％優惠，也就是他能夠以便宜一百六十韓元的價格購買。兌換的金額越高，匯率優惠帶來的差價就越大。

不過該如何享有匯率優惠呢？如果是去銀行換錢，那就要確認該銀行的網路銀行

App，每間銀行都有提供顧客換匯優待券，通常美元、日圓、歐元的優惠是八〇%，其他貨幣則提供約三〇%的優惠[18]。

也可以用手機申請後臨櫃領取，用手機換匯的話，可以用比營業據點還要便宜的價格換錢，也能到自己選擇的營業據點或是機場領取，節省時間。

最後我們來談談旅遊結束後剩下的外幣。各位從國外旅行回來後有沒有剩的硬幣？我也有世界各國的錢幣，這些放了幾年的錢幣該怎麼處理呢？

其實最好的辦法就是**把兌換的錢在當地全部花光，就算當初買貴了，如果只能便宜賣出，還不如全部花完來得有利。加上銀行在買入硬幣時只會算半價**，換句話說，如果紙幣的匯率是一千韓元，那麼硬幣的匯率就只有五百韓元。

不過如果還是有剩下的外幣，那就開一個外幣帳戶，把錢存進去，每間銀行都可以開設外幣帳戶，雖然存入外幣現金會產生現金手續費，但要是外幣太多不好保管的話，我推薦這個方法。

18 臺灣的各家銀行，也有推出不同的匯率優惠。例如：第一銀行提供線上換匯加減碼優惠；玉山銀行的外匯交易網銀則有〇・三分至一・三角的優惠。詳情請上各銀行查詢。

04 初學者也能輕鬆上手的美元投資

有錢人對於投資美元很有興趣，各位知道最近韓元兌美元的匯率下跌很多吧？前陣子因受疫情影響，出國旅行的人大量減少，使換匯交易數量趨近為零，但最近來銀行換匯的顧客又增加了，他們因為匯率下跌，便以投資目的買入。

那麼當今在整存利率掉到一%的韓國，投資美元的都是誰，他們又賺了多少差價？

截至二〇二〇年十一月二十日，韓元兌美元的匯率收盤價是一千一百一十七韓元。匯率時時刻刻在變動，每個金融圈的匯率也都不盡相同，再者，即使匯率相同，實際上得到的優惠差異也影響著買入價格，因此要定存外幣或是換匯時，一定要去主要交易銀行或是有提供換匯優待券的地方進行才會比較有利。

下頁圖表3-2是二〇二〇年一年間韓元兌美元的匯率變動圖表，為什麼二〇二〇年二月之後匯率先急劇上漲，之後在五月達到最高峰後，就持續下降？這是因為新冠病毒造成的全球大流行以及油價衝擊引發了金融恐慌，導致韓元等貨幣貶值、人們對美元這個安全資產的需求激增的緣故。

當時專家們預測匯率有可能突破一千三百韓元大關，但是狂飆的美元卻再次下跌，這是由於美國推出紓困方案讓美元持續流通，使市場中的美元數量變多了[19]。像這樣匯率出現大幅變動的時候，有錢人便自然把目標轉向投資美元。那麼該如何投資美元呢？

▶ 圖表3-2　2020年，一年間韓元兌美元變動幅度

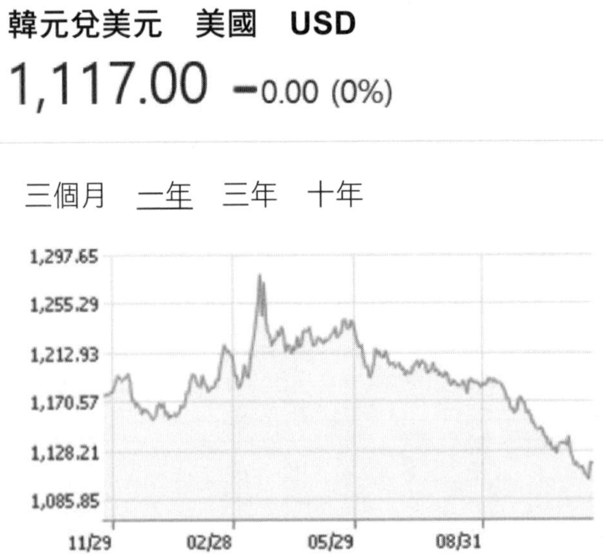

投資美元的方法

韓國新聞中報導的美元匯率是基本匯率，而除了基本匯率之外，還有六種匯率，分別是現金買入價、現金賣出價、即期買入價、即期賣出價、T/C（旅行支票）買入價和外幣支票買入價。

在韓國，購買美元的方法還有一種，那就是用「即期買入價」的匯率購買。只要去銀行，告訴銀行員你購買美元是為了投資，銀行員就會問你之後是要把美元換成現鈔，還是要換成韓元，如果預計要換成韓元，那麼換匯時就不適用上面說的現金買賣價匯率，而是可以用「即期賣出價」的匯率換錢。

該交易不用外匯現金交易，而是用電匯買賣率進行交易。「即期買入價」的匯率比「現金買入價」[20]的匯率來得便宜，利潤較高。也就是說，就算同樣都是買美元，用現鈔交易與否也會使匯率產生不同。

19 關於新臺幣對美元走勢，二〇二〇年初疫情來襲後新臺幣由貶轉升，且二〇二〇年第四季至目前（二〇二一年十月）維持偏強走勢。

用外幣現鈔交易時，會需要加上銀行從國外購買美元時，所需的費用和保管費等手續費，因此只能用最貴的價錢賣出；「現金賣出價」的匯率是最低的，因為銀行得把從顧客那裡收到的外幣重新匯回發行國家。

所以在投資美元時，如果未來要取出外幣現鈔，就用「現金買入價」的匯率換匯；要重新兌換回韓元時就用「即期買入價」的匯率換匯比較好。

我之前也抓緊時機，趁匯率下跌時買入美元，並且用手機交易得到了匯率優惠。若是使用外幣帳戶的話，可以將兌換的美元放入一般外匯存款，也能辦理定期存款，雖然外幣活期存款沒有利息，但可以自由存提款，定期存款帳戶則根據期限提供約定的利率。

近來也有人把換來的美金拿去買美股（臺灣版補充資料見第九十八頁），因為只要匯率上升就能期待匯兌利益增多，股票上漲的話也能獲取相對的收益。然而相反的，這同時存在匯兌損失和股市下跌的風險，投資人必須小心注意。

所有投資都伴隨著不確定性，投資美元也不例外，匯率上升時能產生收益，下跌時則會產生損失。不過即使是匯率上升，由於買賣時存在著基本匯差，因此上升幅度必須高於自己買入的價格，這樣才能產生收益。

例如，如果我投資了一萬美元，我能得到多少收益？假設我計畫日後要取出現金，而匯率優惠是九〇%好了，現金買入價的匯率是一美元兌一千一百九十三韓元，這比買賣基準率高二韓元，那麼投資一萬美元時，就需要一千一百九十三萬韓元。

以三個月後賣出現金時，匯率是一千兩百韓元為例，由於每一美元產生七韓元的匯差，共買了一萬美元。可算出得到一萬乘以七韓元，也就是會有七萬韓元的匯兌利益。

以三個月後賣出現金時匯率是一千兩百一十韓元為例，由於每一美元產生七韓元的匯差，共買了一萬美元。可得到一萬乘以十七韓元，也就是會有十七萬韓元的匯兌利益。

以三個月後賣出現金時匯率是一千一百八十三韓元為例，由於每一美元產生十韓元的匯率差損，共買了一萬美元。可算出得到一萬乘以負十韓元，也就是會有十萬韓元的匯兌損失。

換言之，在可以預期美元已經充分下跌，之後會有上升空間時才投資美元，如果你的資金可以彈性運用，且在當下沒有地方投資的話，那麼買美元也是個辦法。

美元是關鍵貨幣（用於國際間結算和金融交易的基本貨幣），**而且像全球病毒大流行**

20 韓國的外匯牌告匯率從「顧客」的角度出發，也就是現金買入價代表顧客買入現金時的匯率，和臺灣從「銀行」角度出發不同。

這樣不穩定的時期會升值，因此可以成為安全資產。如果你有興趣，可以試試兌換小額，每天確認匯率走向，這可以培養看待總體經濟的眼光。

只有投入自己的金錢才聽得進別人的話，並對金錢產生關心，股票、基金、副業、美元投資等都是賺錢的一種工具，就算無法馬上賺大錢，還是希望各位抱持「先把它學下來」的想法嘗試看看。

重要的是要了解這個世界上有各式各樣不同的投資方法，然後從小額投資開始，慢慢累積經驗和知識。

臺灣購買美股重點整理（詳情請上各大銀行查詢）

現在不需要出國，也能在臺灣利用複委託的方式購買美股。

・可藉由以下兩種管道購買：

1. 國內券商複委託下單。
2. 海外券商直接下單。

・券商有哪些？

1. 國內券商：國泰證券、富邦、永豐金、元大、兆豐等。
2. 國外券商：嘉信證券（Charles Schwab）、德美利證券（TD Ameritrade）、盈透證券（Interactive Brokers）、第一證券（Firstrade）等。

・如何開戶？

須親自臨櫃，並攜帶以下文件（年滿二十歲才能申辦）：

1. 身分證、或是外僑居留證、護照。
2. 第二身分證件（如健保卡、護照、駕照、戶籍謄本）。
3. 銀行存摺正面影本。
4. 印章。

（註：此為臺版增補資料）

05 信用也是一種貨幣，你累積了多少？

銀行會幫每位顧客做信用評分，即使是使用同一間銀行的人，也會隨著信用等級不同而得到不同的貸款利率。現代是講求信用的社會，信用高的話，在辦理貸款等業務上可以得到較多優惠；反之，在貸款和銀行交易時則會受到限制。

從二〇二〇年開始，韓國的銀行信用等級改成了分數制，原本分成一到十的等級現在改用零到一千分計算。

臺灣的銀行信用評分制度

根據臺灣財團法人金融聯合中信中心網站，個人信用評分結果有三種。

一、如該當事人為有信用評分者，揭露實際分數（分數介於兩百分至八百分），並提供分數之百分位區間；評分分數較高者，表示具有較佳之信用品質，反之，分數較低者表示信用品質有待改善。
二、如該當事人為暫時無法評分者，則揭露「此次暫時無法評分」。
三、如該當事人為給予固定評分者，則揭露「兩百分」。
針對評分結果未達×××分（指違約率大於一％）、「此次暫時無法評分」或「固定評分」者，皆以淺顯易懂的文字說明其主要原因。
（註：此為臺版增補資料）

那要如何管理信用呢（參考第一〇三頁表格）？基本上絕對不能拖欠費用，小額的如卡費、通信費或是稅金等如果再三拖欠，信用度就會下降。若一個人過去曾有過拖欠的紀錄，從銀行的角度來看，也就不太願意借錢給這個人了。

因為銀行會認定這位顧客很有可能拖欠，所以就算金額很少也要注意不要逾期。另外，最好不要用信用卡貸款、預借現金服務，以及向融資公司和私人企業貸款，銀行不信任向高利貸借款的顧客，若真的需要貸款，請在第一金融圈貸款，盡量避免高利率貸款。

還有，由於每申請一次貸款，銀行就會調閱申請人的信用報告，短期內在多處貸款也會對信用帶來負面影響。**為避免使銀行產生「這個人突然申請了很多筆貸款」的疑慮，在同一個地方一次借足需要的金額才有利於信用評分。**

此外也有網站提供大眾查詢自己的信用評分，那就是Kakao銀行的信用等級查閱服務，查閱的同時馬上就能得知自己的信用等級，但如果太常查閱也會留下紀錄，所以最好不要無故查詢。（臺版補充資料見第一〇四頁）

為了得到信用等級，最好申辦一張信用卡，然後把每個月的額度限定在一百萬韓元，適度使用比較好。如果沒有信用交易紀錄，那麼銀行就沒有判斷的依據，也就無法計算信用等級。

在當代社會，信用有其價值，信用評分高的話就能用低利率借錢；信用評分低的話就得用高利率借貸。

上班族每個月入帳的薪水也能成為信用的一部分，由於信用等級是以多種方式計算出來的，因此請記得，**管理好自己的信用等級也是成為有錢人的方法之一**。

管理信用等級的技巧

- 十萬韓元以上不拖欠超過五天。
- 償還欠繳金額時先還舊帳。
- 決定一個主要交易銀行並持續使用。
- 避免私人企業貸款、信用卡貸款、預借現金服務及第二金融圈[21]貸款。
- 在主要交易銀行設定自動轉帳繳交管理費、電信費等費用。
- 僅申辦一張信用卡，適度的累積交易紀錄。

21 不同於第一金融圈，第二金融圈統稱除銀行以外的金融機構，這些機構不適用於銀行法，但它們具有和一般商業銀行類似的功能，因此也被稱為非銀行金融機關（non-bank depository institution）。保險公司、證券公司、信用卡公司、儲蓄銀行等都算在此。

臺灣民眾如何查詢信用評分？

本人親臨或委託他人至聯徵中心櫃檯辦理、本人親臨郵局儲匯窗口辦理、本人郵寄辦理、線上查閱（在聯徵中心官網以自然人憑證，或以銀行、證券、保險業等金融機構核發的軟體金融憑證；也可以利用「TWID投資人行動網」App並完成憑證申請，即可快速查閱個人信用報告及信用評分電子檔）。

出處：臺灣財團法人金融聯合中心網站。

（註：此為臺版增補資料）

06 你最該投資的，是自己

到目前為止我們談了該如何善用銀行創造收入，接下來我要談論這一切的核心要點，也就是「投資自己」。我認為只有投資自己，才是世界上最有價值也最能夠得到確實保障的投資。任何一項投資都伴隨著不確定性，但只有投資自己穩賺不賠。

各位買樂透嗎？很多人都懷著希望買樂透，那麼各位應該也在新聞報導上看過，有些人即使中了樂透卻還是落得身無分文。這是因為他們的財富之碗太小了，若是碗很小但水太多，就只能任由水往外流，水一流出去，撿也撿不回來了。也就是說重要的不是水（錢財），而是我的碗（態度、學習、知識）。**那該如何把自己的碗養大呢？就是不斷的學習。而我到現在一直都在用的方法是「看書、看新聞以及聽課」。**

首先是書籍，書籍是個有助於累積基本經濟知識的優秀工具。有一些我們稱之為經典的書，這類書就算時間過得再久，依然很有價值，任何時候閱讀都能夠帶來幫助。經典的經濟類書籍講述對待金錢的心態，以及創造收入時所需的東西。閱讀《富爸爸，窮爸爸》（*Rich Dad, Poor Dad*）和羅伯．摩爾的《生活槓桿》（*Life Leverage*）可以學到關於金錢的基本知識，請務必讀讀看。我自己的閱讀技巧是在空白處寫下想法，像這樣記錄的話，日後重新閱讀時回顧當初的看法，就能知道自己成長了多少。

不習慣閱讀的人會說自己讀過書之後沒有什麼想法，也有人說連自己讀了什麼都記不得，我也曾經如此。如果想解決這個問題，可以試著寫寫讀後感，就算只是短短的一句也行，或是在書的內頁記下關鍵詞也無妨。重要的是把書的內容內化的過程，這樣才能累積可以活用的真正知識。

第二個方法是看新聞。新聞有分報紙新聞和網路新聞，我建議讀報紙。因為在觀看網路新聞時，會被聳動的標題或是有趣的新聞給吸引。要透過報紙，關心政治、經濟，以及社會全盤的趨勢，在閱讀報導時，還需要有分辨的能力區別該則新聞是事實，還是記者自己的意見。如果該則新聞是事實，可以接受，但如果只是寫滿個人意見的新聞，那就要加上自己的看法一起閱讀。在資訊爆炸的時代，解讀資訊的能力和匯集資訊的能力一樣重要，希望各位在閱讀新聞的同時，也不要忘了自己的解讀和看法。

最後一個方法是聽課。聽課的優點在於能夠用比書本還快的速度接觸到最新資訊，以及可以直接學到講師的技巧。我也是透過各式各樣的房地產課程學習。通常一次性的課程約五到十萬韓元，有多堂課的正規班則是二十到五十萬韓元不等。我第一次聽課的時候覺得很貴，但如果投資一百韓元就能賺到一萬韓元的話，這一定得投資的吧？如果投資一百萬韓元的學費能讓你賺到五千萬韓元以上，這才是成功的投資。如果很茫然，不知道該從何開始的話，那就試試從報名課程開始。課堂裡有像各位一樣茫然的學員，也有高手，可以和他們交流，一起累積知識和資產。

當我領悟到生活在資本主義社會，卻對於理財一竅不通是一件多危險的事情後，我非常努力的學習。尤其是因為對房地產一無所知，三年內我不斷的學習。我放棄了原本喜歡的海外旅遊，也放棄了和孩子玩耍的時間，全心投入學習，長期累積的結果是我學到把現金資產轉換成實物資產的概念，也領悟到了致富的方法。像這樣，為了成為有錢人，必須努力學習如何明智的投資。

〔我跟有錢人偷學的錢滾錢祕笈〕

尋找除了勞動收入以外的方法

我在搭乘公車和地鐵時，會不時觀察周遭的人們，並思索「人們對什麼東西感興趣」。大家做的事都不一樣，有人看影片、有人玩手遊、有人看新聞等。

我也曾經一度喜歡每天瀏覽購物網站和棒球新聞，就這樣追求了幾年的樂趣，但最終什麼也沒留下。我最近主要思考關於金錢的問題，像是錢究竟是什麼、世界上那麼多的錢都在哪裡、要怎麼樣才能多賺一點等。

金錢無所不在，即使我的帳戶裡沒有錢，銀行也有數千、數兆韓元，錢也不只是印在存摺上的數字。不過為何人們一輩子都在賺錢，卻還是一輩子都在為了錢擔心呢？賺錢有何意義？錢只能靠勞動賺取嗎？該怎麼做，才能在與他人投入相同時間的情況下賺得比別人還多？我認為**只要對錢稍微有一些思考和想法，就能賺到比現在更多的錢**。

賺錢就意味著有人要付錢給我，而付錢給我這件事，就表示我必須出售對方需要的東西。上班族賣時間賺錢、自由工作者則販售能力賺錢，就是靠賣有形和無形的東西賺錢。

然而若想多賺一些錢，就要更深入了解金錢，去尋找除了勞動收入以外賺錢的方法。自己必須有在相同時間內賺更多錢的想法，如果只滿足於月薪，那就只能一輩子擔心錢。只有靠多方思考以及身體力行，才能擺脫金錢的桎梏。

第 4 章

增加被動收入的最佳投資工具

本章將會分析各位的投資性向，以及說明股票和不動產等多項投資方法。

01 為了變有錢，你願意承擔多少風險？

了解到理財的必要性之後，接下來就要學習具體的理財方式。而在討論具體方法之前，必須先知道自身的投資性向。

前面提到過，世界上所有能夠帶來高收益的商品都有其風險，那麼各位能夠承受多少風險呢？所謂投資商品，是有可能損失全額本金的，在沒有學習的狀況下，絕對不能把全部的財產都交出去。

各位是追求穩定，還是追求即使承擔風險也要創造高收益呢？善於投資的人很清楚自己的投資性向，也懂得計算自己能夠承擔的風險規模，因此也有人將投資視為是一趟了解自己的旅程。

銀行將基金的風險性標示為最高風險、高度風險、中度風險、低度風險及最低風險這五個等級。

請參考以下測驗，以了解自己的投資性向。

1. 你的年齡是？
①十九歲以下。
②二十到四十歲。
③四十一到五十歲。
④五十一到六十歲。
⑤六十一歲以上。

2. 欲投入的資金可以投資多久？
①六個月以內。
②六個月到一年以內。
③一到兩年以內。

④二到三年以內。

⑤三年以上。

3. 請在下列投資選項中，勾選進行過的投資項目。（可複選）

①銀行的定期存款、公債、地方政府債券、擔保債券[22]、MMF，或是CMA等。

②金融債券、信用評等度高的公司債券、債券型基金、追求保本型的ELS等。

③信用評等度中等的公司債券、只會保障部分本金的ELS、混合型基金[23]等。

④信用評等度低的公司債券、股票、不保障本金的ELS、追求市場收益率的股票型基金等。

⑤ELW[24]、期貨選擇權[25]、追求高於市場收益率的股票型基金、投資衍生商品的基金、股票信用交易等。

4. 關於金融商品投資，你認為自己的知識程度為何？

①非常低：沒有過投資決策的經驗。

②低：懂得分辨股票和債券的差別。

③高：懂得分辨各式各樣可投資金融商品的差異。

④非常高：了解包含金融商品在內的所有投資商品差異。

5. 目前欲拿來投資的資金占整體金融資產（房地產除外）的比重為何？

①一〇%以內。

22 債券根據有無擔保進行分類，可以分為擔保債券、擔保負債、無擔保債券。擔保債券是指由發行公司以外第三方提供保證的債券，有政府擔保債券、普通擔保債券（商業銀行、保證保險、信用保證基金）等。

23 混和型基金是指同時以股票、債券為投資對象的基金，通常股票和債券投資比例各不超過六〇%。韓國的基金種類大部分都屬混合型基金。

24 證券商所發行之認購權證（Equity Linked Warrants，簡稱ELW）。權證為未來可用特定價格買賣股票的憑證。投資人向證券商購買憑證，在到期日（前）可以約定的價格購買股票。

25 Futures Option，又稱期權，是一種未來可以用特定價格買賣商品的憑證，選擇權的買賣雙方會簽訂契約、標的、履約價和買賣數量，類似訂金的概念。

②一〇%到二〇%以內。

③二〇%到三〇%以內。

④三〇%到四〇%以內。

⑤四〇%以上。

6. 下列選項中，哪一項最能說明你的收入來源？

①目前有固定收入，預計未來收入將會保持現狀或增加。

②目前有固定收入，但預計未來收入將會減少或不穩定。

③目前沒有固定收入，主要收入來源是年金。

7. 如果投資虧本，下列哪一項是你能夠承擔損失的程度？

①不管發生什麼事都必須保住本金。

②可以承受低於一〇%的損失。

③可以承受低於二〇%的損失。

④要是預期報酬率高，風險再大也沒關係。

・每一題的各選項分數參考下頁圖表4-1。

我個人認為年輕族群在運用財產時可以大膽一點，因為目前是收入增加的時期，可以積極的擴大財產；如果是即將退休的人士，建議購買保守型的商品，因為比起創造財富，這個時期守住錢財比較重要。

▶ 圖表4-1　各選項分數表

選項	題目						
	第一題	第二題	第三題	第四題	第五題	第六題	第七題
①	12.5分	3.1分	3.1分	3.1分	15.6分	9.3分	－6.2分
②	12.5分	6.2分	6.2分	6.2分	12.5分	6.2分	6.2分
③	9.3分	9.3分	9.3分	9.3分	9.3分	3.1分	12.5分
④	6.2分	12.5分	12.5分	12.5分	6.2分	—	18.7分
⑤	3.1分	15.6分	15.6分	—	3.1分	—	—

▶ 圖表4-2　投資性向別分數

投資性向	分數
①安全型	20分以下
②追求安全型	20分以上～40分以下
③危險中立型	40分以上～60分以下
④積極投資型	60分以上～80分以下
⑤攻擊投資型	80分以上

① 安全型：預期的報酬相當於整存整付或零存整付的報酬率，不希望損失投資本金。建議投資不會損失本金的商品，如CMA和MMF。
② 追求安全型：目標是安全性的投資，會盡可能減少投資本金損失的風險，並將報酬定在利息或配息收入程度。不過，為了收益可以接受短期損失，為了得到比定存要高的報酬，有意願將部分財產投資到變動性較高的商品上。適合投資債券型基金，當中又屬長期公司債券基金等最適合。
③ 危險中立型：充分知道投資存在相應的風險，若是能預期得到比定存更高的報酬，可以承受一定程度的風險損失。建議選擇像累積型基金或是像股

（接下頁）

權連結商品一樣，被分類為中度危險型基金的商品。

④ 積極投資型：比起保本，即使須承受風險，也會追求高投資報酬。有意願將大部分資金投資在股票、股票型基金或是其衍生商品等風險性資產上。

⑤ 攻擊投資型：追求的投資收益超過市場平均報酬率，為此可積極接受資產價值變動所帶來的損失風險。有意願將大部分資金投資在股票、股票型基金或是其衍生商品等風險性資產上。適合股票比重在70%以上的高風險性基金，也可考慮將財產的10%進行直接投資（股票）。

▶圖表4-3　各個投資性向適合的投資商品一覽表（以商品風險性為基準，分為基金和基金以外的商品）

集合投資證券（基金）	風險度非常高	風險度高	風險度中高	風險度中等	風險度低	風險度非常低
	最高風險		高度風險	中度風險	低度風險	最低風險
基金以外的金融投資商品	○	○	○	○	○	○
攻擊投資型（等級一）			○	○	○	○
積極投資型（等級二）				○	○	○
危險中立型（等級三）					○	○
追求安全型（等級四）					○	○
安全型（等級五）						○

02 我買股票，也投資基金

你是否已經掌握自己的投資性向了呢？這一次要和大家說明投資商品。最近有越來越多人對股票和基金產生興趣，不過它們有什麼不同（參考下頁圖表4-4）？

首先，要知道買股票意味著購買一間公司，正確來說，買股票就代表我成為該公司的股東，相當於擁有那間公司的一部分。身為股東，可以拿到股息也擁有表決權。不過對於股票新手來說，從選擇類股開始就是個難題，也因此會投資到炒作標的，也就是別人口中的「好股票」。

而基金則可以彌補這類缺點。**基金是資產管理公司的金融資產經理人，集合眾多投資人的資金後進行投資的一種方式。由於分多個類股投資，因此比股票容易避險。**

一個基金裡面包含多個類股，一般在勢頭上或是領域相似的股票都會被包含在裡頭，換言之，基金的架構是金融資產經理人自行幫你投資，之後再分發收益。相對的，購買基金必須負擔經理費或手續費，報酬率也會因經理人而有所不同，與股票相比，報酬較高。

股票和基金我都有投資，我分別開了兩個股票帳戶，一個拿來作長期投資，另一個則拿來作短期投資。我持續買入績優股，也賣出了能得到一定程度收入的股票。

基金方面，我雖然會在股價受調整時，將一大筆錢放到基金上，但基本上我的原則是累積式投資，每個月投入相同金額到基金裡，如此一來，不管股價如何漲跌，平均買入的單價還是會因為我持續買進而呈現平均化。只要我贖回的時候，股價沒有因為外部因素而受到調整，通常都能得到高於市場平均的收益。

▶圖表4-4　股票和基金的差異

股票	基金
買入個股——直接投資	基金經理人管理——間接投資
買入個股	加入基金商品
成為公司的股東	可進行分散投資
共同點：不保本，且不適用於儲戶保護法[26]。 須在能承擔的風險之內操作。	

出處：作者個人。

若覺得購入個股的單價太高而有壓力，可以選擇用每個月繳納一點點錢的方式投資基金，還可以看到投資在不同企業上產生的效果。另外，像是報酬率簡訊通知服務等，事後管理服務都很完善，對於投資新手來說是個不錯的選擇。

那麼現在我們來談談投資股票時必須知道的概念，那就是指數、槓桿以及反向。

所謂指數，是指追隨韓國KOSPI200股價指數之指數，KOSPI200顧名思義就是選定兩百個類股作為反映綜合股價指數動向的指數。指數因為和KOSPI200的動向相似，在此層面上，其風險度較個別股票低[27]。

投資裡所謂的槓桿，就是我們一般說的槓桿：使用槓桿，就可以用相同的力量舉起更重的東西。如同在投資韓國房地產時，使用槓桿（全稅保證金）就能預期得到比本金還要高的收益一樣，在股市也是如此。

在股市上漲時利用槓桿，就能預期得到一．五倍高的收益；股市下跌時則會出現比下跌後的指數再低一．五倍的結果，即，可能損失一．五倍。也就是說槓桿能提高股票上漲時的收益，加大股票下跌時的損失。

反向跟隨指數的反向收益率，簡單來說就是追求股市下跌時的收益，也就是當預測股市會下跌時，就投資反向型基金。由於追求和股市動向相反的結果，因此當股市下跌時可以獲利，反之股市上漲時則會虧損。

現在是否了解股票和基金的差異了？創業教父麥克．葛伯（Michael E. Gerber）曾留下一句名言：「將聽到的事情忘了吧，將眼睛看到的東西久久記住吧，直到你開始行動，不然你什麼都記不住。」

我認為無論是什麼知識，在沒有親自嘗試、運用之前都毫無用處。不要在意股價是上漲還是下跌，堅持每個月在同一天以固定金額買進股票或是投入基金吧！在股價下跌的月份可以買進更多股票，股價上漲的月份則會買入較少的股票，過了幾年後，購入金額就會回到平均，這是因為平均買入的單價會低於未來的股價。

若是對投資有興趣、想試試看的話，那就從基金開始入手。先從投資累積型基金開始，買個二至三年，每天觀察收益率，研究上漲和下跌的原因。只不過基金在申購和贖回時會需要幾天時間，有不能立即反映市場的缺點，但反過來看，對於無法每天確認股票的上班族來說，這也能成為一項優點。

26 為防止發生金融機關破產等事由，導致存款人無法贖回應得的錢，韓國政府制定了該保護法，以保護存款人並維持金融制度的安全。

27 臺灣人普遍以參考台股為主，也就是所謂的發行量加權股價指數（TAIEX）。

若是已經用基金累積了經驗，接著就可以嘗試投資股票。開一個股票帳戶，直接買進。股票帳戶可以用證券公司的App或是在銀行開設，**開戶之後，先買進你知道的類股，不要因為短期的上漲和下跌而患得患失，要抱持著這是在投資公司價值的心態來投資，累積一、兩次的經驗後就會產生價值，也會成為自己終身受用的知識。**

03 我學巴菲特，當個懶惰的投資人

股票和房地產，各位對哪個比較有興趣呢？我剛出社會時，很認真的每個月放一百萬韓元到零存整付存款帳戶，一年後拿到一千兩百萬韓元以及利息。當時我滿懷希望，認為「只要像這樣繼續存個八年，就可以馬上存到一億韓元了」，我就這樣用零存整付的方式努力存了三年，然而那段期間，物價上漲的速度比我存錢的速度還快。

就算八年後努力存到一億韓元，其價值很顯然的會比現在還要低，於是我領悟到，繼續這樣存下去是永遠不會致富，所以我開始理財。

一開始先買了容易入門的股票，我買了三星電子、韓國電力公司等知名大企業的股票，買下這些績優股後，我開始一點一滴的增加了收入。我一面經歷賺錢賠錢的過程，一面下定「不投資我不知道的東西」的決心，就這樣我開始研究增加收入的方法，目前正投

資房地產、美元等多種項目。

股市易於交易，成交價隨時浮動，市價變動較頻繁，只要稍微上漲一些就能輕鬆的創造收益，就算本金不多也能投資。相反的，房地產的交易金額龐大，不是個容易進行買賣的標的，因此只能非自願性的進行中長期投資。

房地產必須持有一定時間以上，產生的稅金才會比較少，所以投資時，至少都會持有個幾年以上，再從中長期來看，房地產整體屬於上升趨勢，與其說是房地產價格主動上漲，正確來說是因為物價上漲，房地產價格也跟著上升。但股票上漲不代表公司賺錢，雖然每個類股的類別情況不同，但以科斯達克（KOSDAQ）[28]市場來說，就曾出現過公司被廢止上市的例子，也有股票在十年前曾經是八萬韓元，如今交易價格卻只有當年的一半。

不少人因為房地產的交易金額高達數億韓元而認為風險很高，但房地產的價格變動反而較股票小、穩定，當然，還是有人靠股票賺到錢。可以肯定的是，投資人必須根據自己的投資性向以及能承擔風險的程度，來投資不同標的。

我們再來談談股票吧。社會新鮮人最常嘗試的理財就是股票，這是因為只要動一下手指頭就能進行交易，而且就算金額很少也能投資。上市的ＥＴＦ商品中，有的在六千韓元左右，也可以只買一股。

我剛出社會時，最先起手的理財也是股票，身為一個從十年前就開始做股票交易的投資人，我有一套自己的標準。

第一，投資壟斷型企業。所謂壟斷型企業就是指不會倒閉的企業，也就是世界第一的大企業和公家企業等。這些企業的股票無法在短期內帶來很大的市價差額，不過可以定期得到配息，且若是持股時間長，就能賺到市場差價。

人們常說的焦點股、熱門股有時甚至能在一天內就上升二〇%，不過這類股票不太適合我，我不喜歡在一天內多次進入交易系統確認股價，也不想讓自己的資產受漲跌幅度擺布。我偏好投資可持續成長的公司，即使它們無法在短期內創造收益。

第二，在便宜時買入。投資股票的核心重點是在相對便宜時買入，一般來說，在遇到經濟危機時，就可以買到處於相對低點的股票。**富蘭克林坦伯頓成長基金**（Templeton Growth Fund）**的CEO約翰·坦伯頓**（John Templeton）**就曾說過：「買股票的時機就是在市場最悲觀的時候。」**

---

28 科斯達克（Korea Securities Dealers Automated Quotation，簡稱KOSDAQ），是韓國的創業板市場，隸屬韓國交易所。與美國的那斯達克有類似功能，目的是為有潛力的中小型企業和風險企業籌措資金。

不過要在便宜的時候買進並不是件容易的事，因為股票若是下跌，投資人就不會期待股票上升，而是認為股票會繼續下跌，這時人們就會同時啟動迴避損失的心理和期待心理，因此不少人會買高賣低，因而損失。不過我一定都是在低於實際價值時買進。

第三，長期持有，也就是投資時間。雖然用部分類股創造了短期收益，但長期投資是我的基本原則。如果你邊上班邊玩股票的話，我建議你長期投資。

你每次藉由買賣賺取差價時，最終致富的只有證券公司。買下一間公司的股票意味著自己成為該公司的股東，該公司的成長就和自己的資產增加一樣。雖然沒有絕對安全的股票投資，但以我的標準來說，所謂安全的股票，就是指絕對不會倒閉的公司、韓國數一數二的公司或是具有壟斷性地位的公司等其股票，而我投資的也都是這類公司。

上班族不僅很難隨時買賣股票，短期投資也很難創造高收益。**巴菲特曾說自己是懶惰的投資人，長期持有績優股是他致富的唯一祕訣**。請銘記，若你並非全職投資人，只是有在投資的上班族，那就得買入績優股，然後長久等待，才不會失敗。

我剛開始投資股票時也是從小額開始，有了收益之後就慢慢投資大錢。當時拿來投資股票的金額大約是三千萬韓元，我卻在短期內獲得了五百萬韓元以上的收益，不過這是新手運，還是股票菜鳥的我能賺到五百萬韓元完全只是因為運氣好，但當時的我卻認為這是因為我有實力。

於是在我獲益後，證券商職員建議我買進其他類別，我當時抱持著「因為他是證券商職員，一定比我還要懂」的心態，沒有多加了解就投資了，不過市場對該類股的影響很大，就算是再厲害的基金經理人，市場狀況不好時也很難創造收益。後來我損失了六百萬韓元，比賺到的錢還多，這就是我把自己的錢交給別人管理的代價。

如果你已經下定決心要理財，請務必開始主動學習，要理財就必須經過漫長的存錢過程，並在過程中累積知識，如此才能做到穩賺不賠的投資。

04 買房的關鍵不是價格，是地點

現在開始來談房地產吧。房地產是生活的必要條件，所以，還是需要了解基本。

我搬家過多次，搬家時從來不考慮全租房，因為養小孩必須住上好幾年，我不想每隔兩年就得因為搬家的事而操心。我只住過一次全租房，原因是因為當時我必須請娘家父母協助育兒。

住全租房的人當中，有人因為各種理由堅持只住全租房，我認為如果不是因為要認購房屋或是資金狀況不允許，一定得有一棟自己的房子。擁有一棟自己的房子能為你帶來很大的安全感，因為房子不是理財的一種工具，而是能夠守護自己和家人的珍貴小窩。

偶爾會有人說：「房價漲得太凶，想等降低一點再買。」這樣的人就算在房價下跌時也買不下手。**上漲時太貴買不了、下跌時擔心還會再跌而買不下去，更不用說房價不管在**

十年前還是二十年前都一樣高價。

我想對計畫等到房價下跌時再購屋的無自有住宅的人說，到目前為止，韓國房價只跌過兩次，而這兩次分別是在韓國ＩＭＦ時期和次貸危機時，除了這兩次以外，**長期來看，房價一直都呈現上升趨勢**[29]。雖然可能出現短期調整，但**五年、十年後的房價很有可能比現在還要高**，這不只是因為通貨膨脹的關係，還有很多其他的原因。

很少有人買房是為了在一年後把它賣掉。有人認為全租房比較安全，不過如果你認為兩年後可以贖回全額押金，所以住全租房等於是住免錢的話，那就錯了。物價每年上漲二％，光看交通費和食材費就能感受到物價在上升，也就是說兩年後贖回的押金價值將會比現在還低。

請改變想法，不要認為全租房的押金付費方式相對安全，要知道每兩年期滿時，你的押金價值正在遞減，如同交通費和炸醬麵的費用上漲一樣，房價上漲的機率也很大。

婚後我曾住在娘家也住過全租房，這些經驗讓我體悟到「一定要有一棟自己的房子」。

29臺灣相關房價資訊，可以上內政部不動產資訊平臺的住宅價格指數網或是價格指標網查詢。

房子是必需品而非投資工具，如果房價上漲，其他房子也會跟著上漲，但房價就算下跌，也還留有一棟房子，因此也沒什麼好傷心的。

雖然也有人將自己在居住方面的費用降到最低，然後把錢拿去投資，但那只屬於投資高手的行為，如果是一般家庭的話，還是先購入一棟房子後再去投資會比較好。

而雙薪家庭，建議以貸款加槓桿，購入實際要居住的房子，只要不是用來投資的房子，不管房價是漲還是跌都可以購入，因為目的不是要在它上漲時賣出。**房價沒有永遠的上升也沒有永遠的下跌，房價只存在漲幅的差異，而長期來看，它一定會上漲。**

我曾住過舊屋、新屋、大型社區、平地和山坡，因此有一套我自己的房地產投資標準，那就是「房齡不超過十年、位在平地、離小學徒步不超過五分鐘」。我在當了媽媽之後才了解到，把孩子安全養大成人有多重要，也難怪媽媽們都喜歡挑選圍繞在小學附近的公寓大樓。

不少人都會這麼想：「房價比去年要漲了一億韓元，還會再漲嗎？不會是泡沫吧？」**在瀏覽房價時，不要和過去相比漲了多少，而是要和週邊地區比較然後再評價，過去的市價已經過去了，重要的是未來，我們必須用政策和供應量等數值預測房價**，如果只執著於和過去比較的話，那就永遠買不了房子。

在看預售公寓大樓的額外費用[30]時，不能只看額外費用，而是要看預售價格加上額外費用的總價格。額外費用是在不清楚房價會上漲還是下跌的情況下，仍然鼓起勇氣買下預售屋的人得到的福利，如果因為額外費用已經達一到兩億韓元，就認為這已經是買在最高點，以後很難再轉賣，那就大錯特錯了。

我所在這一區的新公寓大樓價格，比當初的預售價高出兩倍，當初我購屋時的預售價是五億韓元，如今光是額外費用就高達到五億韓元以上。在額外費用喊出兩億多韓元時，因為覺得太貴而沒有買的人，現在應該會捶胸頓足，而像我一樣，在購屋時和鄰近公寓大樓比價、確認總價後購屋的人，應該正眉開眼笑吧。

前幾年我從租屋換成購屋，是因為考慮到我們可能會一直住在娘家附近，所以選擇了買房，而新搬進來的房子在兩個月內就漲了一億韓元，不是只有叫價上漲，而是實際成交的價格增加了一億韓元，一年過後已經上漲了近兩億韓元。我當時購屋的價格，現在則成了全租價格。

30 在韓國的房地產市場中，透過預售買到房屋的人，將預售權轉賣出去時，會加上一筆額外費用售出，額外費用指的就是預售價格和轉售價格之間的差價。過去公寓大樓供不應求，競爭激烈，導致額外費用制度形成。低廉的預售價格與昂貴的房市價格差距很大，使額外費用被用來投資增財。

目前，房地產市場是一個買賣價格和全租價格同時上漲的市場，房地產投資不像計算數學公式一樣有標準答案，房地產投資會因為心理、政策、限制等各種因素而有所變動。重點在於你目前處在哪一個圈子。雖然房價上漲是好事，但如果是實際要住的房子價格變高的話，那就僅止於心情好而已，不會有額外收益。因此在買房之後，如果還有餘力，可以藉由投資創造收益，這樣才能在房價上漲時取得利益。自住房就只是為了守護個人資產的基本工具而已。

05 資深如我，居然被騙了一億韓元

雖然我的自住房購屋經驗看起來好像很成功，但其實我也犯過不少錯。人們都想用輕鬆的方式成為有錢人，想要輕鬆的賺錢、滾錢。然而在你下定這種決心的瞬間，就會無法理性的思考，很容易被他人的花言巧語吸引，甚至傾家蕩產。

大家都知道的小道消息很可能是假情報，要是遇到有人提供消息，必須懂得如何判斷該資訊的真偽。

二〇一〇年，在我就業後過了兩年多，我有一筆三千萬韓元左右的錢，當時因為一位認識的人建議我在平昌買下一塊地，說是日後會大漲，我就不疑有他在合約書上蓋章，然後付了訂金和尾款共一億韓元。

由於一億韓元不是筆小數目，所以我把這幾年的存款加上借款，甚至動用了透支帳戶以支付尾款。但是過了兩個月，遲遲沒看到房屋受理登記，也聯絡不上介紹我買地的人，大家都跟我說這可能是詐騙，我才頓時清醒。

仔細想想，才察覺到簽約和付錢等所有過程都有很多漏洞，錢應該是要付給賣方，但我卻付給仲介人是我的疏失，沒有確定仲介人是否有加入公認仲介保險也是我的不察，沒經過任何確認程序，就聽信他人說可以賺錢而把這麼一大筆錢匯出去，這代價太高了。

對於在金錢面前失去理智的自己，我自責了很久，在我去警局報案、到處打聽時，我再次得知，就算抓到了詐欺犯，錢也拿不回來。歷經這次事件之後，只要有人說能讓我賺錢，或是哪個投資項目穩賺，我一概不信。

要**是有人說要提供我小道消息，我就會想：「這麼好的事情告訴自己的家人都來不及了，為什麼要告訴我？」**從那時起，對於金錢，我養成了再三懷疑的習慣。這是我繳了一億韓元的學費所學到的經驗。

若是要投資，請務必靠自身的信念及判斷下手，若是只依靠別人的推薦來賺錢，那麼那個錢絕對不會是你自己的。我們投資，是要製造能使用一輩子的武器，就如同人不可能僅靠一次投資就致富一樣，投資時不能總是把錢放在第一順位，而是必須培養挑選物件的眼光以及良好的投資能力。

平時我也教導孩子「世界上沒有白吃的午餐」，做人絕對不能不努力、只想著不勞而獲。千萬不要將自己寶貴的金錢交給他人，而是要主動學習後投資。要記得，最重視且最能守住自身錢財的只有自己。

06 買房一定要貸款，這是良性負債

人們覺得投資房地產很困難，是因為它的高價，所以感覺入門門檻比較高，但投資股票只要小額就能開始。我也一度以為如果要買五億韓元的房子，就必須存到五億韓元，想要存到五億韓元，一年存一億韓元的話也需要五年。

一年不可能存到一億韓元，五年後房價也不可能是五億韓元，因此若是打算買房，就必須聰明的運用貸款加槓桿才行。**存薪水購屋這個做法，並不會讓你走在邁向致富的快車道上，反而是讓你開上慢車道。**

房屋擔保貸款的額度，會依照政策以及市場狀況而有所不同（臺灣版補充資料，詳見第一四〇頁）。尤其是像現在對房地產的管制很嚴格，要拿房屋當作擔保來貸款就像摘星一樣困難。但就在幾年前，韓國政府還鼓勵人們負債買房，當時的貸款額度是七〇％，那

個時候真的是用貸款槓桿的最佳時機，那麼政府為什麼要人民負債買房呢？

是因為當時像現在一樣房地產過熱？當然不是。當時房價長期沒有上漲，要是買房子還會被當成傻瓜，同時，人們認為以後人口減少的話房價就會下跌，房子是不能買的，因此很多人選擇了全租房。

由於人們對全租房的需求大增，導致全租價格開始上漲，加上住宅建設景氣變差，建商不賣預售屋，就這樣，房屋數量不足，而全租房供不應求的問題變得非常嚴重。也就是說，雖然全租價格暴漲，但買賣市場仍然冷清，所以政府才會鼓勵人們買房。

那麼二〇二一年的現在，韓國政府為什麼要嚴格管制房屋擔保貸款呢？這是為了防止已經從房市賺到錢的人利用貸款再次買房，只不過還是有很多人要買房，即使政府制定嚴格的規定，人們還是想購屋。

那麼幾年之後，政策還會維持像現在一樣嗎？誰都無法預測，重點在於，只要觀察政府推出的政策，就能知道目前市場如何運作。

請各位選擇用貸款加槓桿的方式致富。要知道我們不需要存到五億韓元才能購屋，而是就算手中沒有足夠全額，我們還是可以貸款買房。**貸款時請貸到最高額度，償還年限則盡量設定為最長年限，不要有要快點償還貸款的壓力，而要思考如何運用貸款增加資產。**

我們假設今天貸了一億韓元，購買市價五億韓元的房屋，要在十年內償還一億韓元，和在三十五年內償還一億韓元，哪個比較有利呢？如果分三十五年來償還一億韓元，三十五年後的一億韓元價值是多少呢？大概相當於一千萬韓元左右？以目前物價上漲速度來看，說不定到時候的價值還不到一千萬韓元。

一旦你**知道錢會隨著時間貶值，你就能明智的運用貸款**。如同保險公司利用錢會貶值的特點賺錢一樣，我們也可以**積極利用錢會貶值的這個特點以增加資產**。

希望各位能夠在每個月可償還的能力範圍內聰明的運用貸款。我敢肯定的說，善用貸款即是快速致富之道。

二〇二一年臺灣購屋相關新制

房地合一稅二・〇版，重點整理。

一、對持有境內、境外不動產兩年以內的短期套利者，課四五％的重稅。

二、法人比照個人課稅。

三、增列兩項課稅標的，預售屋也適用。

四、土地漲價總數額，增設減除上限。

五、房地合一稅二・〇上路後，有五種交易不受影響。包含參與危老重建及都更後第一次房地移。

※以上新制規定於民國一一〇年七月一日起開始適用

出處：財政部。

實價登錄二・〇版，重點整理。

一、成交資訊門牌地號完整揭露：為促進資訊透明，在兼顧個人資訊隱私的前提下，將門牌（地號）完整揭露，並溯及已揭露資料。

二、預售屋全面納管且即時申報：銷售預售屋者應請地方政府備查，且須於成交後三十日內申報。

三、主管機關查核權及加重罰則：增訂地方主管機關或金融機構的查閱權，並加重屢不改正罰責，最高可按次罰新臺幣一百萬元。

四、預售屋紅單交易納管禁轉售：紅單禁止轉售予第三人，違法者將按戶、棟處十五萬至一百萬元罰鍰。

五、預售屋買賣定型化契約備查：納管預售屋買賣定型化契約，如違反「預售屋買賣定型化契約應記載及不得記載事項」，將按戶、棟處六萬至三十萬元罰鍰。

※以上新制規定於民國一一〇年七月一日起開始適用

出處：內政部地政司。

（註：此為臺版增補資料）

07

我買這樣的房子當包租婆：新成屋，三十坪上下，在小學附近

投資房地產最重要的是要有自己的標準。我目前持有的房地產都是這幾年來取得的成果。我第一棟房子以投資目的購入，比起投資金額，有很多可惜之處，但是我藉由那次投資學習到的所有經驗都會成為資產。

在那之後，我便將投資視為是在購買經驗而不是賺錢，然後繼續投資房地產。過去幾年我學到的經驗，像是和房客以及房地產經紀人之間的關係、協商尾款支付日期、商議價格等，都比在學校學到的東西還要可貴。

世界上有很多投資高手，不只存在於房地產領域，他們的投資方式可能適合我也可能不適合我，最重要的是，從他們那裡學到的東西中做出一套自己的標準。

過去幾年我投資了幾棟房子，並訂下我的投資標準為「新成屋、三十坪左右、在小學

附近」。雖然房子是承租人要住的，但我下定決心要投資在當我自己是承租人時也會想住的房子，我就抱持著這樣的心態投資了位於仁川的一間新蓋公寓大樓。

在我投資後，首都圈上升的房價開始影響到仁川，隨著便宜的物件越來越少，我在兩個月內就嘗到上升一億韓元的甜頭，而目前已經上升到兩億韓元以上了。

當交易價格大幅上漲，比起高興，我想起之前被騙了一億韓元的事，使我再次感受到，要成為有錢人，重要的是要把裝錢的碗養大而不是單純只賺很多錢。碗小的人連一億韓元都守不住，與其只顧賺錢，不如專注在把碗養大以及購買經驗，才能做更好的投資。

投資是一輩子的事情，希望各位不要倉促投資，而是用累積實力、經驗和資產的心態進行投資。建立一套自己的投資標準，試著投資都更、重建、公寓、商家、土地、拍賣屋和公寓大樓等房地產吧。

08 市場行情的研究，一年之後才會有成效

「要投資房地產，該怎麼開始呢？」這應該是新手投資者們第一個面臨的苦惱。如果不知道這個價位是否合理，或甚至不知該學習什麼的話，我推薦你以下幾個方法。

這些是我持續實踐的方法，至少要維持一年以上才能看到成果。

一、閱讀經濟新聞。

請每天閱讀經濟新聞，掌握房市動向。閱讀新聞時最重要的事情，便是了解撰寫該新聞的記者之意圖，並且加上自己的想法。不是所有新聞都一定是官方消息，記者也不過是私人企業中的一名員工而已，我們必須分辨該新聞是事實還是記者的個人意見，並且練習在瀏覽新聞時加上自己的看法。

二、查看KB房地產和韓國鑑定院[31]網站。

若你開始學習房地產，就要常常親自走訪現場，如果不能走遍全國，你可以透過KB房地產和韓國鑑定院了解房市一週的動向。尤其是KB房地產每週五都會針對全韓國房地產的上漲率、下跌率和地區發展動向提供意見，非常有幫助。

除此之外，也可以參考像是Naver不動產、拒當冤大頭、公寓大樓實際交易價、不動產排名以及不動產熟人等韓國網站，掌握房市的趨勢[32]。

上漲率和下跌率只是個平均值，若想詳細的調查，一定要現場訪問或是打電話到附近的房地產仲介公司確認，因為就算是在同一個地區，房價也會因為屋齡以及是否靠近地鐵站等天差地遠。

三、調查行情。

若你決定投資房地產，接下來就要時常查看行情。**下載房地產相關應用程式，掌握自己的居住地區和職場所在地區的市價，週末出去玩或是去旅行的時候，都要了解一下當地的房價行情，這樣才能大概有個底，知道哪一區便宜、哪一區昂貴，從而有個比較的基準，**要是調查了行情就要馬上記錄，並且要去了解各區房價上漲和下跌的理由。

我之前聽了房地產仲介公司簡報後記下了價格，實際調查之後才領悟到了解行情變化的原因是多麼重要，因為只有如此，才能在機會來臨時迅速投資。

四、上房地產相關課程。

如果你是新手，我推薦你去上房地產相關課程，我自己也用這個方式學到了很多東西。也有人問：「書本裡都能找得到知識，一定要去上課嗎？」但其實課程能讓你學習到的遠比書本還多。

出版一本書需要花上幾個月的時間，最近房市變化之快，書本恐怕很難反映出當下的變化，不過課程可以幫你快速追上，並提供切合時宜的資訊。

聽課之前一定要具備基本知識，不能是一張白紙，要先有基本知識，之後想學習更深入的內容時再去上課，如果連用語都不知道就去上課，那就不會有任何收穫。得先有了基礎，才看得到、聽得見。希望各位知道自己懂什麼、不懂什麼，然後以一

---

31 KB不動產是韓國私營國民銀行經營的不動產網路平臺。韓國鑑定院則是公家企業，為一韓國房地產市場調查、管理及房價公告和統計之專門機關。目的在於維持韓國房地產市場的安全和秩序、保護房地產消費者的權益以及為房地產產業發展提出貢獻。二〇二〇年十二月，該機關名稱更改為「韓國房地產院」。

32 臺灣適用內政部不動產資訊平臺或是樂屋網、五九一實價登錄網等網站。

種「把不知用已知填滿」的心態去聽課。**最好先透過書本和網路累積了基本知識以後再去上課。**

五、實際投資。

為了不要讓學習僅止於學習，我們必須實戰。要訂下一個具體的目標，像是「我學到什麼時候就要開始投資」然後按照計畫實行。對於任何事情，我偏向與其做好萬全準備後再開始，不如先行動，邊做邊學。

投資這種事，不可能一開始就很完美，投資，是要在多方嘗試後追求完美，等做好準備後才要投資，可能連個機會都沒有。

慎重是好事，但希望你不要因為恐懼而猶豫、不敢下手。實際買賣房地產、尋找房客吧，把所學的運用到現場，才能學到現實。

投資房地產實戰攻略

每個人都有第一次，我也是在活了三十多歲後，才第一次主動走進房地產仲介公司。

在我下定決心要去看房地產投資物件的那天，我因為擔心仲介人在聽到我是投資客後會對我不友善，在仲介公司前面猶豫了三十分鐘後才走進去。

不過千萬不要擔心別人怎麼看自己，去房地產仲介公司時，第一件事就是要有自信的讓對方知道我是投資人，是來買投資物件的。

一、了解房市。

首先，如果在你關注的地區出現了某個你想投資的大樓社區，就打電話給房地產仲介，了解該社區的狀況，依照買賣件數，可以掌握到目前該地區的市場氛圍。

如果釋出的物件多，就表示買賣狀況不太理想，這時就形成在談判中占優勢的「買方市場」；相反的，若是待出售的物件不多，就意味著房源不足，這時賣家喊什麼價格就是什麼價格，屬於「賣方市場」。

平時要多打電話了解一下你有興趣的社區的市場氛圍。

二、預約看房。

在打電話確認過社區的市場氛圍後，接下來就輪到預約拜訪。先和房地產仲介公司預約的話，仲介就能事先準備清單，有助於節省時間。我主要是透過Naver不動產網站預約，透過該網站，可以指定預約你有興趣的社區裡之仲介公司，仲介公司必須位在社區裡，才會有充足的房源。

三、看房。

接下來就是正式和仲介人一起看房。出發之前先確認一下大概的資訊，像是當天會看多少間房、坪數和價位大概落在多少等。去看房的路上最好問問仲介最近的市場氣氛，看房時注意賣家售屋的理由。

如果屋主急著要賣，就有利於價格協商；如果屋主不急，就很難談判價格。一開始就看太多物件的話很容易搞混，這時最好抓出每間房屋的特徵。

四、整理物件。

看完房子後就要整理當天看過的物件。周到的仲介會事前整理物件內容，如果沒有，就要求仲介，只要向對方要求：「可以把今天看過的物件整理出來給我嗎？」仲介就會幫你整理出每個房子的特別事項，像是哪間要多收修繕費、哪間必須配合現有房客的租約到期日、哪間因為轉讓稅問題需要把尾款日期延後等。

每個房屋的狀況都不一樣，要整理物件並記住特徵。

五、選定投資對象。

選投資對象時只要選定所有對象中價格最低、狀態最好的房子就行，當中又屬沒有尾款交付截止日的房屋最好。有尾款交付截止日期就表示一定要在那之前籌到資金，因此較為不利，要選擇尾款交付日期彈性、價格又便宜的房屋。

選好特定對象後，試圖透過賣方的出售背景談判，談判價格時不要顯露出自己著急的模樣，最好用「可以協商到○億韓元嗎？」這樣的語氣詢問。

下定決心要投資房地產的人會開始苦惱各種投資方式，像是要投資預售權、做差額投資、投資都更還是重建等，而大多數人都會選擇差額投資。所謂差額投資，就是指用買賣價格和全租價格的價差來投資的一種方式，優點是只要小額就能投資；缺點則是當全租房價格下跌時，就可能發生沒有錢退還全租租金的狀況。

我也是從差額投資舊屋開始，再擴張投資範圍到新屋，還投資過預售權。我曾被抽中房屋認購，也曾買過包含額外費用的預購權，現在也持續用各種不同的方式投資房地產。

投資沒有正確答案，沒有一定的收益也沒有一定的損失。像最近人們較偏好新蓋建物，那麼投資預購權得到收益的機率就會比較高，而投資高手們就算是投資都更也能獲得不錯的收益。

可以堅守一種投資方式，也可以配合市場時機進行投資。

09

我跟屋主買房，再轉租給他

學習一年的房地產知識後，我開始尋找投資標的，接著我注意到京畿道竹田洞，因為這裡鄰近學區，距離江南近，但絕對價格相對低廉。從我的公司到竹田雖然要花上超過兩小時的車程，但我還是幾乎每天都去現場，在那裡待上一整天。

我還曾經在炎熱的夏天流著滿頭大汗到現場，在附近的汗蒸幕裡小睡一下後，凌晨四點起床前往現場，然後在早上六點去上班，之後請了一天假與房地產仲介碰面。

當時竹田屬於賣家市場，市場上連二十多坪的物件都沒有，三十多坪的物件也都被屋主回收了，再加上買賣價格約莫比一個月前要高出兩千萬韓元。不過我仍然認為這裡是被低估的地區。

當時我居住在京畿道一期新都市，那裡三十多坪的物件超過四億韓元，而地理位置較佳的竹田，三十多坪的物件只要三億多韓元。問題是價格上升就會拉大投資價差，這使得投資者蜂擁而至，導致社區內的全租房變多了。

當時我買下的房屋是該社區裡唯一剩下的房子，雖然僅隔一天出價就多了兩千萬韓元，不過學區好，加上陽臺被打通，窗臺修理完善，即使看得出房屋有些年紀，這個價格也還算普通了。

然而促使我買下這間房子最關鍵的原因在於屋主賣房的理由，我仔細看完房子，步出大門後這麼問了屋主：「您要搬到其他地方嗎？」屋主說他想把現在的房子賣掉，以無住宅者的身分認購新屋，因此預計尋找要搬的房子。

我因為這句話就馬上簽約了，當下我的判斷是，屋主的小孩都是小學生，要搬家應該不容易，而屋主應該可以接受用全租的方式住在這裡。

這樣一來，既可以減低賣方搬家的辛勞，而我在簽訂買賣契約的同時還能簽下全租契約，對雙方來說都是很好的條件。

就這樣，我買下了那間房子，而賣方則用全租的方式繼續住在那裡，接著過沒多久，就聽到對方在其他地區預購到新公寓的好消息。透過這次經驗我學到，有時候**賣家的出售理由也能成為決定購買的關鍵。**

投資了幾次不同坪數的物件之後，我了解到每個地區和社區要集中攻略的坪數各不相同。新婚夫妻多偏好十至二十坪出頭、交通便利的地方；而大部分人則喜歡二十多坪的三房格局；至於三十多坪的房屋，則要靠近學區才好。

選定投資地區時，必須掌握每個坪數喜好的年齡層以及實際需求者，並認真觀察該地區的交通和學區等優勢。

投資房地產時會認識房地產仲介，也會見到賣方和房客，便會聽見不同的故事。為了投資，與其把這些人視為過客，不如將他們當作夥伴和嚮導。要重視緣分，有時候「人」會成為投資的決定性因素，請牢記，了解賣方出售的理由可以成為你購買的關鍵。

（我跟有錢人偷學的錢滾錢祕笈）

每年都要做資產盤整

想成為有錢人，要定期掌握資產和淨資產的增加狀況（參考第一五八頁）。

我在開始投資前，也檢查過自己的資產和淨資產現況，一開始我的資產很少，但就在我持續把現金換成資本的幾年後，淨資產就有了爆發式的增長，然後在二〇一九年達到十億韓元，之後不用一年，資產就增加了兩倍。

由於這是股票和房市呈爆發式上升所造成的現象，不是什麼值得誇耀的成績，但我想讓各位知道，像我一樣平凡的人，也是可以實現十億、二十億韓元這樣的數字。

開始投資之前，我以為只有在金字塔頂端一％的有錢人才能存到這樣的資產，不過在我默默的朝目標前進後，我實現了超過預期的目標。神奇的是當錢越多，錢的增加速度也就越快。

實現了十億韓元，花了我三年的時間；但到達二十億韓元的關卡，只用了我一年的時間，我估計用二十億韓元翻倍所需的時間應該會更少。「錢會賺錢」這句話一點也沒錯，就算收益同樣是一%，投資一千萬韓元能賺到十萬韓元，投資一億韓元則能讓你賺到一百萬韓元。

這也意味著關鍵在於你有多快存到一桶金，以及你將存到的一桶金投資在什麼地方。其實把現金轉換為實物資產、投資稀有企業以及在資本社會致富的過程等非常簡單，就只差在是誰先頓悟、誰先實踐。希望各位能試著擬定未來的財務計畫，每個月製作財務報表並評估自己的成果。

投資必須持續不斷，畫一張藍圖，追求目標吧，這樣才不致於迷失方向。各位在今年有什麼計畫呢？比起計畫減重和念英文，我更傾向於計畫我人生的願景和財務狀況，希望各位今年也能夠比任何人都還要積極學習關於金錢的知識。

▶圖表4-5　我的資產現狀表

- **掌握收支的範例**

收入		支出	
薪資	2,500,000韓元	生活費	800,000韓元
利息		卡費	
打工		醫療保險	80,000韓元
		月租	500,000韓元
		基金	
		年金	200,000韓元
		儲蓄	900,000韓元
計	2,500,000韓元	計	2,480,000韓元
剩餘資產			**20,000韓元**

- **購買的金融商品的範例**

	商品名稱	月繳金額	收益率	餘額	到期日
零存	A銀行 ○○儲蓄	100,000韓元	1.8%	7,000,000韓元	2021.12
零存 （旅行資金）	A銀行 ○○○儲蓄	50,000韓元	1.8%	600,000韓元	2021.07
整存	A銀行 ○○存款	—	2.0%	10,000,000韓元	2022.02
醫療保險	B火災保險	15,000韓元	—	—	2030.02
傷害保險	B火災保險	62,000韓元	—	—	2050.02
基金	C金融投資	停繳	—	—	—
預備金	A銀行 ○○存款	—	0.1%	2,500,000韓元	—
合計		**227,000韓元**		**20,100,000韓元**	

第 5 章

我就算不上班，錢也能自己流進來

在這個時代，單憑勞動所得很難存到錢，如果真的想存錢，那就靠副業增加資產。

透過投資結下果實後，就要構建即使不工作也能讓錢進來的系統。本章要來談談構建系統讓現金流進來的方法。

01 在同一個業界超過十年，你該經營部落格

要說Naver是全韓國國民都在使用的入口網站一點也不為過，而其部落格是一個只要註冊帳號，就能馬上寫文章然後發布的平臺。使用方法很簡單，管理起來也不困難。**我認為只要是從事經濟活動的人，都必須經營部落格。**

如果你是事業家，部落格就能成為幫你宣傳事業的平臺；如果你是一般大眾，那麼部落格就能成為你透過文字宣傳自己的工具。我曾經在學生時代做過發放傳單的工讀生，部落格就如同二十年前的那個傳單一樣。

我經營部落格有兩個目的，一個是打造收益，另一個是建立品牌。我在幾年前得知，只要加入體驗團，接受廠商無償提供的產品，然後將使用心得上傳到部落格上，就可以創造收益。

當時我因為在育兒，便接受嬰兒手推車、兒童安全座椅、兒童安全帶等嬰幼兒用品，以上傳使用心得為交換條件開始了體驗團活動。把這些用品換算成酬勞的話其實並不是一筆小數目，若你正在育兒，建議可以做這種副業。

還有另一個方法是幫廠商撰寫特定稿件然後收取稿費，也就是用廠商提供的照片和資訊寫成一篇帶有資訊性的文章，每一篇收取一定的手續費。不過，若是要參加體驗團或是收稿費，就必須優化部落格，讓每天的訪問人次維持在一定程度。

我目前經營部落格的目的是為了建立個人品牌。部落格是一個宣傳和行銷「我」這個人一個很好的工具，我把我所學到和感受到的、早晨起床的習慣、讀書內容等事情仔細的記錄在部落格，這些紀錄累積下來就成了我的名片。

各位也是，**若是有從事的工作，就把那個工作寫進部落格裡吧。要記錄才有累積，累積後才會成為自己的東西**。經營部落格之後，我所做的每件事情都成了寫作的主題，與此同時，我也養成了仔細觀察和記錄我的工作的習慣。

我不管做什麼事情都會賦予其動機，像是計畫我自己的寫作專案。現在在寫的這篇文章就是在實行「成為二〇二一年暢銷書作家」專案。各位如果有想要嘗試的事情，那就把它變成一項專案，留下紀錄吧。

部落格是一個每個人都可以瀏覽、產生共鳴的平臺，基於這點，真的是一個很優秀的工具。

要好好經營部落格，第一件事就是決定自己部落格的主題。由於我是在懷孕的時候開始經營部落格，因此一開始育兒部落格的性質較為強烈。在我復職後，部落格主題就變成分享金融知識、房地產和股票投資情報，我也常上傳關於經濟、商業領域的文章。

要經營部落格，首要之務就是幫自己的部落格設定一個明確的風格。各位最有興趣、最拿手的是什麼事情呢？如果不清楚，那就先以本業為基礎試試看吧。**若你在同一個業界工作超過十年，單是分享相關知識，這個部落格就會成為一個專家的部落格。**

你可能會想「這不過是每天都在做的事情，會有幫助嗎？」不過這一類部落格常帶來很多意外的幫助。我雖然嘗試過各種不同主題，但到頭來我的本業還是成為了我部落格的主要題材。

選定主題後，接下來要開始寫作、優化部落格：固定每天上傳一、兩篇文章，持續上傳一個月以上。只要一開始花一些時間和心力，就能優化部落格，之後就會出現一定的訪客人數，他們透過既有關鍵字被吸引進來。

當然，要每天上傳文章不是件簡單的事情，但請別忘記，任何事情剛開始都必須投入一段時間。

那麼該如何增加部落格的訪問人數呢？前面說到「部落格優化」，所謂「部落格優化」，就是指當在網站上搜尋某個東西時，我的部落格會出現在搜尋結果最上端。

要優化，就只要記得一件事就好，那就是「關鍵字」。各位是在什麼情況下使用Naver呢？應該是在搜尋某個東西的時候吧？搜尋完後會從出現在最上端的文章開始點閱，也就是說在寫文章時，基本上要利用有效的關鍵字來撰寫題目和內文。

訪問人數不會因為你寫一、兩天文章就增加，必須一天撰寫一、兩篇包含有效關鍵字的文章，持續寫一、兩個月以上，訪問人數才會增加。事實上有很多關於部落格的課程，YouTube上也提供了很多免費的資訊，儘管如此，人們還是不願意經營部落格（參考下頁圖表5-1），不是因為不知道方法，而是因為要持續做某件事情很困難。

不要一直想著「我可能沒有寫作的天分、看來我找錯主題了」等，然後就放棄。經營部落格必須抱著堅持至看到成果為止的想法去做，才能帶來收益。

目前我的部落格訪問人數在週末時是兩千名，平日則落在四千至五千名左右。你問這些訪問人數為我帶來什麼收益？基本上只要經營了一定的時間，就可以發表稱為「廣告文章」的廣告，也就是廣告商支付Naver費用，在我的文章裡貼廣告的意思。

只要有人經由我的文章點選廣告，我就能收到廣告費。廣告文章的收入只要在每個月二十五日達五萬韓元以上，Naver就會支付現金，我平均一個月創造十至二十萬韓元左右的收入。

雖然不是什麼大錢，但只要寫文章就能賺錢，不僅可以賺點零用錢，還能額外賺到日益增長的寫作能力。

在教育方面，我不僅想教育子女經濟，還想教他們社群行銷的能力。社群行銷是不是會成為我們下一代的必修課呢？現在這個時代，自營作業者、職場人士、企業、公家機關等，所有人都在經營社群，用智慧技術實現超連結。在此背景下，必須熟悉社群行銷，才能獨樹一格，而部落格就是一個有效的工具，能幫助你踏出第一步。

▶圖表5-1　經營部落格的技巧

- 訂下自己的主題，將部落格概念化。
- 每天記錄。
- 多加利用關鍵字檢索網站。

02 利用 YouTube，我把自己介紹給全世界

如果說部落格被侷限在國內，那麼YouTube就是一個可以把自己介紹給全世界的工具，它可以說是一個比部落格還要強大的媒體平臺。但是經營YouTube，必須具備拍片、剪輯的能力，還要考慮到公開露面的問題，門檻較高。

當然，我認為門檻越高，成功機率也就越大，因為挑戰的人不多。

二〇二〇年初，我挑戰了經營YouTube。因為不擅長使用電腦，光是開一個頻道、設定頻道名就花了我幾天的時間。字幕和效果都用最簡單的剪輯方式解決，而設備也只有智慧型手機、燈光和麥克風而已，準備這些東西花了我十萬韓元左右。

我的座右銘是「先做再說」，因為只有先嘗試了才能從中學到東西，而透過學習就能成長。阻撓成功最大的絆腳石，就是懷疑自己「能做到嗎？能做好嗎？」在懷疑之前，我

會先行動，如此才能知道結果，然後再以該結果的經驗值為基礎，做其他嘗試。

我的YouTube內容是關於「銀行求職和金融商品」，因為覺得太有趣了，約莫有兩個月的時間，我不分晝夜的拍攝和剪輯，沒有做什麼特別的宣傳，訂閱人數就上升了。

很多人對於需要公開露面和自己的不善言辭感到苦惱，然而公開露面這件事，可以透過戴面具或是剪輯解決。若是擔心自己口才不好，那就寫腳本，反覆練習直到能夠流利的唸出來為止，出錯的話，剪掉就好了。

如果是因為自己不具備華麗的影像技術而猶豫不決，那就用充實的內容代替技術決勝負。也可以使用自動字幕產生器，加入能夠明確傳達內容的字幕，以彌補影像技術的不足。與其用一堆藉口為自己找退路，不如找到一個突破點，為自己找出解決之道。

YouTube和部落格的共同點是，經營這兩個平臺都需要堅持不懈。抓緊一個主題，持續上傳品質優良的內容，累積了相當分量的內容，才會被視為專家、得到肯定，也才能宣傳自己。

加上YouTube的影片字幕可以設定成多種語言，這也是一種把自己介紹給全世界的工具。

每個人都必須成為一人企業家的時代到來了。與其做一個視聽YouTube的消費者，不如成為製作內容的生產者：觀看YouTube是被動學習，但經營YouTube是主動學習。

我個人認為，透過部落格熟悉運用關鍵字的方法後，不妨挑戰經營YouTube頻道。經營部落格，只要有電腦和智慧型手機，不管在什麼地方都能寫文章並發布出去，很容易就可以開始；但是經營YouTube需要一些準備和努力。

毫無疑問的是，在未來會有很多人利用媒體平臺宣傳自己、提高營業額。

03 我還經營了一個「青春理財」投資論壇

各位是否聽過「線上房東」呢？韓國的線上房東是指擁有線上平臺，在平臺按月收租賺錢的意思。各位現在加入了幾個線上論壇呢？我加入的論壇大概有一百多個，Naver Café論壇[33]可以說是一個營業場所，擁有穩固的線上論壇，就等同於擁有一棟以我的名字命名的大樓。

Naver Café論壇是讓一群有著共同話題的人們可以聚集的場所。人們在這裡針對有興趣的主題交流資訊、增進友誼，久而久之，加深彼此的感情，進一步互相支持。不管是事業還是教育，都能透過論壇聚集潛在顧客，從這裡開始經營，就能減少日後失敗的機率。不要盲目的跳進泳池，先做好暖身運動，才能安全享受池水帶來的清涼。

論壇也需要建立個主題，論壇的性質，可以像媽咪論壇一樣，會員之間以分享和交流情報為主；也可以邀請某個領域的專家，以提供專業性資訊為特色。

定下想經營的論壇主題，想想要用什麼方式活絡這個空間。要將論壇經營起來需要時間，必須發布優質的文章、召集會員以及管理留言，要建立起提供給會員們的情報系統需要花很長一段時間，即使如此，一旦建立起平臺，就能在裡面進行各種事業活動。

舉例來說，Naver Café論壇是一個擴展性很大的平臺，只要打好基礎，日後會員們在這裡互相交流資訊，就能自然的形成一個為自己工作的系統。

要想壯大論壇，就要設定會員的等級，並且只把高級情報提供給有價值的會員。很多論壇用這樣的方式管理會員，藉此增加有用的文章和留言，也舉辦加入活動，提供商品給招來很多新會員的老會員，或甚至是藉由定期舉辦活動，鞏固會員群。說到底，就是藉提高流量來壯大論壇。

那該怎麼用線上論壇創造收益？就是召集需要廣告的廠商，幫他們宣傳或是將公告欄位租給他們，也能在這裡開課。由於會員一旦加入了論壇就不太會退出，因此這是一個有利於獲利的平臺。

33 臺灣常用的付費論壇有伊莉及艾噹洛（現已關閉）等。

我也在經營一個叫做「青春理財」的論壇，尚未寫進部落格的故事以及投資事例、用股票和基金創造利潤的經驗，還有用副業賺取收入的經驗等，主要都公開在論壇裡，因為我認為，這些是可以提供給加入我論壇的會員們的福利。

04 這年頭，連技能也能上網販賣

最近韓國人對Kmong和Taling等可販賣技能的平臺需求增加。顧名思義，這些網站是買賣技能的場所，可以交易的技能從興趣到戀愛諮詢、傳授面試方法等，五花八門[34]。

我一開始是購買他人技能，現在則販賣我的技能。我販售的技能包含批改自我介紹文、時間管理以及理財講堂。其中，接案數及顧客滿意度最高的一項是批改自我介紹文。

那麼我是如何透過這個網站開始販售技能的呢？二〇二〇年初，我得知有個平臺可以讓人們在上面交易技能，所以我就思考：「有什麼事情是我很會做、又很喜歡做的？」然

34 臺灣目前沒有正式販賣技能的網站，但在蝦皮購物網可搜尋到販賣像是建中學測筆記、自製果醬等，跟個人技能有關的商品；或是類似像「Tasker 出任務」這類外包網站。

後列出我學過的東西，接著我發現，我主修語文學系卻一次就錄取金融圈的工作，最大的原因在於我履歷上的「自我介紹」，因此我開始販售撰寫自我介紹的方法。

為了蒐集好評，我決定即使售價不高，還是要提供最棒的服務，因此就算是顧客沒有委託的問題我都幫忙批改，直到顧客滿意為止，由此，馬上就開始累積真誠的好評。

即便之後我稍微提高收費，還是持續有委託進來，這讓我可以選擇案件。也就是說，我能夠在市場中販售技能的祕訣之一，就是提供顧客超值的優惠。如果把販售技能賺來的錢換算成時薪的話，金額微不足道，但我之所以這麼做，是因為我做副業的目的不是為了賺錢，而是為了累積經驗。就這樣累積的好評帶來更多委託案件，形成了良性循環。

在那之後，我又陸續開了關於時間管理法的課程以及理財諮詢。和我一開始批改他人的自我介紹書時一樣，我以低廉的費用提供顧客服務，並不斷改善。

副業的好處是它並非本業，可以在沒有負擔的狀況下工作，就算沒有案件進來，也不需要很失望或戰戰兢兢。從這個層面來看，副業是一個可以在沒有負擔的狀態下就起步的小事業。

我要來談談關於用技能提高收入的方法。在我購買物品或是去餐廳時，都會選擇評價留言多的地方，因為如果沒有評價，購物經驗好像就會不怎麼愉快。這也就表示我們生活在一個評價很值錢的世界。像餐廳，就算只有一則負評，顧客訪問率還是會下降，這就是現實。

如果想用技能提高收入，那就要累積好評，用錢買不到好評，必須提供優於收費的價值才能得到。一旦累積了好評，自然會成為宣傳利器。

建議先把目標放在累積經驗，等到消費者增加，而自己的實力也得到認可後，再慢慢提高價格。身價可以由自己決定，但市場是否接受這個價格，決定權在消費者手上。

若是消費者認為你提供的服務值這個價錢就會購買，反之，則不會掏出腰包。販售技能也像做事業，要經常站在消費者的立場，對自己提出「如果是我，我會買嗎？」的質疑。要提供能讓消費者滿意的服務，才能不斷做下去。

原本只在公司領取固定薪水，在這樣的狀態做副業的話，就會了解到賺錢是多辛苦的一件事。出了公司，就只能完全靠自己的實力來獲取評價和報酬。在公司，就算偷懶個一小時也能照領月薪，但離開了公司，就只能做多少，拿多少。也許正因為如此，才有很多上班族安於現狀。

但是若要建立讓金錢自動流入的系統，那就不是銷售技能，而是得打造一個把人們串連起來的平臺，就像Kmong和Taling一樣。雖然打造這樣的平臺需要花費相當多的時間，但一旦建立起來，就完成了即使不工作還是可以賺錢的系統。

Taling和Kmong是成功的平臺，它們掌握了人們的欲望和需求，像是不方便的地方以及希望被改善的地方等。說到底，若想要創造系統收入而不是單純從事副業的話，就應該打造連接人與人之間的平臺。

05 有了電商，任何人都能自己當老闆

網路商店的運作結構與物流業相同，都是以批發價購入產品，然後用零售價銷售，是一個將批發網站或海外購物網站上的物品加上毛利後販售的平臺。經營網路商店就等同於經營一個自己的購物網站。

建立獨特的購物網站需要花錢，而使用電商平臺的優點，是只需支付手續費就能輕鬆的上傳商品。不過，入門門檻低也就意味著競爭者眾多，因此需要毅力堅持下去。

經營網路商店的方式大致分為兩類——販賣各式商品的購物商城，和販售單一主題商品的專門商城。前者不分主題，將各式各樣的商品陳列在賣場裡銷售；後者則選定特定主題後販售，如運動用品、美容用品和育兒用品等。

換句話說，如果想要經營網路商店，就必須思考自己要販賣什麼產品。在尋找要販售

的產品時，最好觀察一下自己主要都買什麼東西，以及週遭的人又主要都把錢花在哪裡。也可以在韓國網路商店農場，或是韓國線上批發廠商批發國等網站上搜尋產品。

如果說技能銷售平臺販賣的是無形商品，那麼網路商店就是個販售有形商品的地方。只要開始販售，看待產品的角度就會從消費者轉為供應商，會不斷思考這個物品的原價或毛利是多少。

也有些人靠網路商店賺進比月薪還要高的薪水，這些人可能是販售數量稀少但消費者多在搜尋的商品的人；也可能是因為得到好評，銷售量持續增加的人。

在這裡，好評也很值錢。就算是販賣熱門商品，只要有負評，就不會有顧客上門。可以用提供贈品或集點等優惠方式，鼓勵購買自家產品的顧客留下評價。

總之，要賺錢就必須做事業。事業並不是什麼了不起的大事，靠販售他人需要的產品或是無形的東西來賺錢，這就是事業。觀察哪種人會需要什麼東西、賦予產品價值並學會宣傳的方法，這都有助於你的事業。

這個世界，懂的越多，看到的就越細，要以什麼角度生活在這個世界端看你怎麼決定。花錢的是消費者，賺錢的是供應商，希望各位能夠成為供應商，而不只是以消費者的角色生活。

06 你想一輩子當員工，還是創業當老闆？

我算是滿意我的職場生活，不過隨著我開始投資，我領悟到要打造讓錢流進來的系統，就需要經營自己的事業。身為一名上班族，是成為企業的一員；而身為一位事業家，是成為領導成員的領導者。另外，若是成為老闆，那麼自己就得要承擔成功和責任。這可能不容易，不過就算如此，還是得開創事業的理由有以下幾點：

第一，事業可以系統化。如果老闆需要解決所有事情、把大大小小的事都攬在自己身上的話，就表示公司尚未系統化。剛開始時可以親自處理、累積經驗，等到有了規模，就必須僱請員工，把事情交給他們。

要建立系統，這樣即使自己不在，事業也能繼續運作下去。

第二，事業是致富之道。上班族只在規定的時間內做事，領既定的薪水，即使成功完成一項大型專案，也只能拿到少許獎金。

然而，事業家不分晝夜的工作來壯大事業體，也就可以拿走全部的成果，雖然沒有明確的下班時間，但他們能夠在無形和有形中獲得成長。

第三，我們總有一天會到退休的年齡，得離開公司，只差在是什麼時候而已。運氣好的人可以一直做到屆齡退休，但運氣不好的話，可能在那之前就要離職了。

當今是百歲時代，就算在六十歲退休，也還要度過四十年的老年生活，雖然在相較年輕的時候退休的人，會嘗試做一些大大小小的事業，但從現實層面來說，退休後挑戰創業是一件風險很大的事情。

得在沒有固定收入的狀態下投入大筆資金，還要考慮到失敗時的風險。該準備養老的階段若是有了負債，這個擔子一定不輕，因此從年輕的時候就要開始思考，自己從公司畢業後要做什麼事情。

話雖如此，但也不是每個人都能成為事業家。**如果你是上班族，那麼以事業家的心態工作也是一個方法。把公司的工作當作像在做自己的事業、像在自己的店裡工作一樣，也就是快速升遷，達成在公司裡能夠實現的最高目標。**

要當員工還是事業家，由各位選擇。倘若決定要當一輩子的員工，那麼從年輕時開始就要努力為老年生活做準備。只要了解自己的性向，並走上符合性向的道路就行。

最糟的情況是虛度光陰。要將目光放遠、準備未來，而不是只顧解決當下的問題，一旦有了具體的計畫，那就一步一步慢慢走下去。

07 本業做得好的人，副業才會成功

不少人都對副業很有興趣，網路的發達讓賣東西變得很簡單，因新冠疫情產生的焦慮，也使得很多人挑戰經營副業。不過才幾年前，上班族們還是平日上班、週末休息，但現在不一樣了。

再加上人們對流行很敏銳，只要經常聽到，就會開始關心，如果不跟著做的話，好像只有自己會落後別人一樣，相對感到自卑。如此一來，在副業當道的現在，出現了不少沒有任何目標或意志力就投入副業的人。

我當然也支持這樣的動機，因為不管成功或失敗，只要嘗試，就是個寶貴的經驗。不過我們絕對不能忘記本質，我們在做事情時，必須時常懷著一個疑問，那就是「我為什麼要做這件事」。

我們的教育制度，導致我們有時會失去思考的力量。我們按照社會既定的規則去上學、考試、上大學，然後進入一間好公司，過著穩定的生活。我們卻從來沒有問過：「為什麼？」

因為別人都這麼做、父母叫我們這樣做，所以我們以為這就是唯一的正確答案，一直這樣活到現在。我曾想：「要是當時心存疑慮，選擇另一條路的話，會怎麼樣呢？」

我想說的是，所有事情都有其本質。當你要做副業的時候，思考一下你做副業的理由。有人的目的是錢，也有人的目的是自我開發。如果目的是錢，透過副業提高額外收入是一個方法；累積職場經驗，得到公司的肯定也是一個方法。

確定一下自己是不是其實一點興趣都沒有，只是在跟風而已，這樣才能持續做下去。目的是自我開發的人，也有可能透過副業找回日常的活力。即，所有事情都需要省視，就連副業也不例外。

我做副業的理由是為了在離職後創業。要創業就必須懂很多東西，像是會計、法律、實務等，最重要的是也需要思考自己的創業內容。我開始探索自己在公司以外，其他賺錢的能力。

雖然文筆不好，但我以前喜歡靜靜的坐著寫字，而如今我在一個跟主修完全無關的公司裡工作邁向第十四年，我想試著把這些東西和我喜歡的事物結合在一起。

靠批改自我介紹書賺錢，對我來說是件有意義的事，而透過部落格增加收入也很有意思，寫作這件事情，讓我覺得自己一點一點的在成長。

我認為現在的副業是一段累積實力的過程，事實上，如果用時薪計算副業的話，反而虧損。雖然我將批改自我介紹書定價為一個問題一萬韓元，但我光是寫一個問題就投資了一小時左右，在公司上一小時的班都拿得比這個還多。

這可能不是件划算的事情，但是這樣的副業日後會成為打下我事業的基礎，累積了這些經驗，就能打造出我的事業，這樣的未來讓我非常期待。

各位為什麼從事副業？各位正在做的事情，本質又是什麼呢？不管是什麼事情，都要問「為什麼」，然後邊做邊尋找答案。就我自己兼顧本業和副業的結果來看，結論還是得忠於本業，才有可能把副業做好。

在公司的時間最少要八個小時，副業的話，短則兩個小時，長則需要花費六個小時。如果在公司這個度過大半時間的地方事情不順遂的話，下班後的副業也就不可能順利了。只有在公司裡做事認真的人才可能開拓成功的副業。

我會在下班時評價自己一天的表現，由於銀行是一個所有事情都以業績來評價的地方，每天都要評分。今天的盡職程度，會決定我下班時的步伐是沉重，還是輕盈。

為了提升本業的專業度，我曾經犧牲了六個月的週末，考取國際認證理財規畫顧問證照（CFP）。**要銘記，不能因為副業做得很好而怠慢本業，因為副業在成為本業之前，本業還是主要的收入來源，只有盡忠職守於本業的人，才能在副業也取得成功。**

我因為想讓在公司裡的時間變得更有意義一些，便將工作視為可以學習多種新業務的機會，而不是勞動。銀行的業務本來就很多元，需要經常學習，每每學到新事物，我就抱持著自己每天都在成長的想法去面對。

然後一定要開創一個副業，這樣以後就算離職了也不會感到茫然，反而能夠在職場生活上無所畏懼。比起非這裡不可的想法，更需要用積極的心態去想：「只要累積豐富的經驗，我就能隨時提高身價、跳槽到更好的地方。」

08 利用上班前的空檔，我寫完了這本書

我育有兩個小孩，是大家常說的職業婦女。在我的部落格，經常會遇到有人問我這個問題：「身為職業婦女還做那麼多事，您是怎麼辦到的？」我想說，事實上並非因為是職業婦女所以做不到，而是多虧職業婦女這個身分，讓一切都成為了可能，因為時間不夠，讓我養成節省時間，並分開使用時間的習慣。

我認為時間比金錢重要，我想成為一位一方面能自由使用自己的時間，另一方面又能在孩子們要求的時候陪在他們身旁的母親。不過身為上班族，這是不可能的，所以我努力將這個目標變成可能。

首先我每天至少投資一個小時在自己身上。據說，人若是活著卻不思考，那麼想法就只能被生活牽著走。我因為不希望被生活牽著走所以總是規畫時間，雖然每一天都一樣，

但我還是仔細的規畫時間，並按照規畫過的時間表生活。

對我來說，最能好好運用的時間就是凌晨。關於我的時間管理方法，第一，就是每天決定事情的優先順序，然後從最重要的事情開始做。如果說凌晨三點起床，有三個小時可以使用的話，那就是一小時讀書、一小時寫作、一小時準備證照考試。

重要的是，要在前一天晚上事先計畫好隔天要做的事情，這樣才有動力在凌晨起床。是什麼動機驅使我在大家都熟睡的凌晨起床呢？那就是待辦事項清單。有事情要做的那天就會突然起床，相反的，若是那天沒有事情做，我就會不斷的喃喃自語：「再睡十分鐘……。」然後時間就這樣過去了。

要訂定計畫並和自己約定，所有事情的首要任務，就是制定計畫。

第二，利用零碎的時間。一天當中不加以注意就流失的時間真的很多，像是等公車的時間、在公司裡閒聊的時間和下班後打電玩的時間等，把這些時間都加起來的話，足足有一小時之多。

我只要提早個五分鐘到公司，就可以利用那五分鐘做我的私事，然後再開始業務。五分鐘是很長的時間，可以擁抱心愛的孩子們十次，也能看十頁的書。午餐盡可能吃自己帶的便當，剩下的時間就拿來看股市動向和股價。如果把這種時間累積一個月左右，能發揮的威力該有多大？

最後，找出一天中最適合自己的時間，然後加以運用，學習並研究更多關於我自己這個人。在比較過運用深夜和運用凌晨的時間後，我發現，最適合我的時間是凌晨。

我認為跟隨自己身體的節奏。我經常在凌晨制定目標，為了實現成果而努力。要依靠意志力起床不容易，因此我把它變成習慣。

每天凌晨我都像機器一樣起床後泡一杯咖啡，然後拍起床照。如果自己很難有規律的進行某件事情，那就想一個辦法吧，可以像我一樣拍起床照，也可以找人一同進行起床任務。重點在於，要反覆挑戰和修正，直到找出合適的辦法為止。

很多人期待一次性的成功，期待只試一次就能馬上出現成果，要是沒有成果就直接放棄。但成功絕非一日之寒，成功是送給每天都過著無趣生活的人的禮物，所以我今天也為了節省那五分鐘而努力。

這本書也是我利用上班前的空檔，在公司前面的咖啡廳寫完的。我總是期待，在度過激烈的一天之後，又會帶給我什麼收穫和結晶。

並非「因為我是職業婦女所以做不到」，而是「因為我是職業婦女所以我可以做」，希望各位能用這種心態，在任何情況下都全力以赴。

09 存夠錢了，我要離職嗎？

這幾年來我很努力的存錢、賺錢，最後一年內達到二十億韓元。當然，因為這二十億韓元不是握在手中的現金，因此沒有真實的感覺，不過這讓我不再像以前一樣，對錢特別執著。

以前總是想像：「當我有很多錢的時候會怎麼樣？」但是有了很多錢之後，就從金錢中解放、變自由了。也因為不再擔心金錢，讓我可以去追求金錢以外的其他事物。

財富是相對的。對擁有一百億韓元的慈善家來說，我看起來像是窮人，但對擁有一千萬韓元的人來說，我看起來像是富人。換句話說，我的二十億，不是一個絕對性的價值。

應該有人會講：「只要我有十億韓元，我就會馬上辭職。」以我的經驗來說，錢和公司是兩回事，雖然有人是因為生計才去上班，但也有人不是，有人是因為需要名譽、職位、資歷或頭銜而上班，也有人上班是為了尋求歸屬感或是實現自我。

與其說去上班是一種維持生計的手段，對我而言，公司比較像是個學習的場所。雖然我剛出社會時，上班的目的的確是為了賺錢，但如今，即便我已經知道了很多種賺錢的方法，我還是很認真上班，而且，這讓我能慢慢的為獨立做準備。

有些收入是月薪的幾倍，也有些收入遠不及月薪，不過因為我曾在公司以外的地方賺過錢，哪怕只是一元韓元我也賺過，所以我不害怕離職。

一直以來我們都屬於某處，聽著別人問：「你上哪所學校？你在哪高就？」對這樣的我們來說，是時候該獨立了，就像從學校畢業一樣，必須從公司畢業的時期到了。

就算不回答自己任職於哪間企業，我們也要做出某個能夠介紹自己的事情。如果在離職後成立了公司，那你可能成為某企業的代表，也可能成為自由工作者或是作家。

也就是說，公司並非只是單純賺錢的場所。員工和上司間的關係、做事的方式、大企業的營運構造等，在公司裡可以學到的東西很多。在我實現淨資產二十億韓元之後，我拋棄了必須一輩子進公司上班的想法，並有了一旦準備好，就要從公司出來獨立的自信。

當自己還是領死薪水的上班族時，要盡可能把在公司裡能學到的東西都學起來，可以肯定的是，善於職場生活的人，也能把事業做好。

10 再怎麼努力的社畜，也不會變成有錢人

我父親在大企業一直做到屆齡退休。在大企業上班，領了一輩子的固定薪水，工作超過三十年的話，應該或多或少累積了一些資產吧？但是我父親的資產很普通，一棟房子和每個月入帳的年金，就是他全部的財產了。上一輩的父母們為了照顧子女，努力工作，大部分人的情況應該都差不多。

一輩子上班也無法成為富人的原因，在於公司給的錢，真的就只夠你生存而已，就算業績再好、取得的成果再大，公司還是只付你既定的薪資。就算是發放獎金，那也只是收入的一部分而已。

公司不會給員工思考的空間，只希望員工照著手冊做就好，這樣就算少了一名員工，公司也能繼續運轉。

我也曾經誤以為公司少了我就會出問題，但就算我離開公司幾天，公司還是照常運作，一點問題都沒有，這是因為公司已經建立了一套系統，也就是說，我的工作並不特殊，不是只有我能做，任何人都可以做我的工作。

當然，這花了我很多時間，才了解到自己其實是隨時都能被取代的員工之一。

父母親那一輩大多是一輩子用固定的薪水來支付生活費、養育費、教育費等項目，到了退休時就不會有剩餘的錢了，這是由於只忙於工作而沒有心思理財的關係。

我們可以藉此警惕自己，不會因為一輩子都在公司努力工作就成為有錢人，要持續不斷的把從公司賺到的勞動收入，轉換為不工作也能入帳的資本收入，這樣才能成功。有錢人不是一夕致富，所以我才開始投資。

看著儘管在職場上生活了將近十年，卻還是無法成為有錢人的自己，我想像了自己十年後的模樣。如果像現在這樣只顧著工作，那麼十年後的我，可能還是不會有任何改變。公司不會為我負責，其實不只是公司，誰都不會為我負責，只有我能替自己負責。在投資初期，因為沒有投資的眼光，不懂得挑選好物件，然而等到累積了那些經驗之後，就會懂得選擇有價值的物件了。

我常想起一句話，就是「沒有吃一口就胖的胖子[35]」，即使因為投資錯誤而失去了很多錢，也比什麼都不做要來的好。我賺回了比損失金額還要多的錢，而現在我還累積了足以守住我資產的知識，一旦了解到最危險的事情就是什麼都不做，我想你現在馬上就會關掉因為無聊而看的手機和電視。

記得，只靠上班是一輩子都無法成為有錢人的，為了讓自己在公司以外的地方賺錢，要不斷努力。

還有，別忘了投資。與其看著上升的房價並對此感到不安，不如正視現狀，思考自己現在能做什麼。若是最近幾年間的資產沒有任何增長，或是只有增加一些，事實上這就和落後了十步沒什麼兩樣。

不過就還在幾年前，要是聽到房價是十億韓元的話，還會覺得很不真實，但現在不只是首爾，連地方城市的熱門公寓大廈都超過了十億韓元。這說明市面上流通的貨幣量增多，擁有現金的人也越來越多。

各位的財務狀況如何？近幾年增加了多少資產呢？要正視現實不要迴避。如果現在擁有的資產和幾年前差不多，那就從現在開始吧。別因為覺得股票和房地產已經在高點而放

35 韓國俗諺，意指沒有事情是僅靠一次嘗試、或是只靠一點點努力就能做出滿意的成績。

棄，要下定決心，為抓住下一次的機會做準備。

建立心態和目標即是向富人靠近的第一步，人生比想像中漫長，享受通往致富的旅程後，我們終會在頂峰上相遇。

11 你想賺多少錢？人生不要畫地自限

我只有一個優點，那就是自信，相信我能做到。即使是看起來難到不行的事情，我也還是先想：「我能做到！」因為只要一旦認為自己做不到，那件事就真的會變得很困難、很辛苦。

我直接不去想自己會做不到，這樣就能看到非常些微的曙光，而透過那道光，就能找到出路。我用這種方式成就了非常多的事情。成功的人和無法成功的人之間最大的差異，就在於「想法」。

只要知道自己所有的成功和失敗都來自於想法，日後會連一個想法都會很小心翼翼。要拋棄阻撓行動的想法，像是「我做不了！我不做危險的投資！」等。

大家都說投資股票很危險，為什麼有人靠股票賺錢？有人說房地產已經來到末期了，為什麼房價還是不斷上升呢？不要聽取負面消息，要去思考：「為什麼是這樣？該怎麼做我也才能抓住機會？」成功的人們說積極的心態很重要，就是基於這個原因。

事實上想要成功，就只能抱持積極正面的想法，也可能是因為有了正面的想法，才得以成功。雖然不知道想法和成功的前後關係為何，但若是對每件事都抱持負面看法，可以成功的事情也會變得不成功，這時即使機會近在眼前也察覺不到，因為滿腦子只想著就算努力了也不會成功。

各位經常思考什麼呢？如果想賺錢，那就要去多方思考關於錢的事情，也就是思考該怎麼做才能賺錢的問題去想「我要成為善良的有錢人來幫助他人」。只要觀察有錢人就能知道，有錢人和成功的人，他們從想法開始就與眾不同。

「不要在自己的成長路上畫地自限」也和積極正面的想法一樣重要。這就好比把原本能夠跳兩公尺高的跳蚤裝在一個高一公尺的箱子裡，那隻跳蚤就算出來外面的世界也只能跳一公尺高。

各位將自己的極限設定在哪裡呢？人的成長僅止於自己所定下的空間。如果你下定決心一個月要賺一千萬韓元，那就會賺到一千萬韓元；如果你對於自己一個月賺一百萬韓元感到滿足，那就很難脫離一百萬韓元的範圍。

打破想法的界限，告訴自己：「不管任何事情我都能做到。」因為一旦改變想法，就能改變行動；改變行動，就能改變人生。

〔我跟有錢人偷學的錢滾錢祕笈〕

理財就是，你有多早認識資本主義

從存錢到透過各種投資方式增加大筆收入，再到守住資產等方法都寫在這本書裡了。我曾因為貪念被騙，也曾靠房地產快速增加資金，這些經歷讓我從中學習到一些東西，那就是**所謂的理財，關鍵就在於「你有多早認識資本主義」**。

我如果在剛出社會時就認識理財的話，現在說不定正過著不一樣的生活。無論如何，要儘早認識到資本主義，在一段時間內認真理財，才能創造財富。不管再怎麼辛勤工作，資產還是一樣的話，現在就必須檢查各位自身的狀況。

這並不是要你毫無計畫就向前衝，要檢查方向設定上有沒有問題、目標是什麼，需回頭檢討為什麼自己存不了錢。就像圍棋覆盤一樣，消費和投資也需要覆盤。要檢討自己是不是做了不必要的消費或正在進行錯誤的投資等，如此才能為自己賺進許多財富。

手中要有現金才會踏實、負債一定要馬上還清等這些想法是陷阱。還要清算自己沒有為養老做準備、賺多少就花多少的消費習慣。如果你存不了錢，那就得馬上意識到陷阱，改掉錯誤的消費習慣。要是真的希望做出改變，就從今天開始踏出一步吧。

認真工作存錢並非美德，透過銀行存錢，然後把存下的現金投資到實物，讓資產增值，這才是在資本主義社會裡生存的方法。將目光放到國內股票、海外股票、黃金、美元等各種市場上，要具備在任何時機都能賺錢的能力。希望各位都能和對金錢與投資有興趣的人交流，不斷學習。

我們每個人都希望儘早財務自由，你是否曾經為了要一次就達到財務自由而購買樂透呢？但是世上沒有白吃的午餐。我不期待幸運，而是靠親自走訪以及投入時間研究賺錢的方法。

與其下賭注在樂透這種不確定性的東西，不如把錢投資到實在的知識和學習來的實際。在我經營的「青春理財」論壇裡有很多資訊，歡迎隨時來拜訪，希望你也能為更美好的未來做好準備。

國家圖書館出版品預行編目（CIP）資料

資深銀行員偷學客戶的錢滾錢祕笈：10年財富自由的上班族，怎麼學會讓身邊一直有錢、不離本業卻有外快、穩健的以錢滾錢。
／崔民寧著；林倫伃譯.
-- 初版. -- 臺北市：大是文化有限公司，2021.12
208面；17×23公分. --（Biz ；379）
譯自：은행원은 어떻게 돈을 모을까?
ISBN 978-986-0742-99-2（平裝）

1. 成功法 2. 理財

563 110014304

Biz 379

資深銀行員偷學客戶的錢滾錢祕笈

10年財富自由的上班族，怎麼學會讓身邊一直有錢、不離本業卻有外快、穩健的以錢滾錢。

作　　者／崔民寧
譯　　者／林倫仔
責任編輯／江育瑄
校對編輯／林盈廷
美術編輯／林彥君
副 主 編／馬祥芬
副總編輯／顏惠君
總 編 輯／吳依瑋
發 行 人／徐仲秋
會　　計／許鳳雪
版權經理／郝麗珍
行銷企劃／徐千晴
業務助理／李秀蕙
業務專員／馬絜盈、留婉茹
業務經理／林裕安
總 經 理／陳絜吾

出 版 者／大是文化有限公司
臺北市 100 衡陽路 7 號 8 樓
編輯部電話：（02）2375-7911
購書相關資訊請洽：（02）2375-7911 分機122
24小時讀者服務傳真：（02）2375-6999
讀者服務E-mail：haom@ms28.hinet.net
郵政劃撥帳號 19983366　戶名／大是文化有限公司

法律顧問／永然聯合法律事務所
香港發行／豐達出版發行有限公司 Rich Publishing & Distribution Ltd
香港柴灣永泰道 70 號柴灣工業城第 2 期 1805 室
Unit 1805, Ph. 2, Chai Wan Ind City, 70 Wing Tai Rd, Chai Wan, Hong Kong
電話：（852）2172-6513　傳真：（852）2172-4355
E-mail：cary@subseasy.com.hk

封面設計／林雯瑛　內頁排版／思思
印　　刷／鴻霖印刷傳媒股份有限公司

出版日期／2021 年 12 月初版
定價／新臺幣 360 元（缺頁或裝訂錯誤的書，請寄回更換）
I S B N／978-986-0742-99-2
電子書ISBN／9786267041178（PDF）
9786267041192（EPUB）